Ido

Veronika Naber

Herstellung und Verlag:
BoD - Books on Demand, Norderstedt
ISBN 978-3-7386-5467-7

Dieses Buch ist meinem **Sohn Jakob** gewidmet, der mir viele schöne und unvergessliche Stunden beschert und mich zu einem sehr glücklichen Menschen gemacht hat

Inhalt

Der Piratenkapitän

Ido, der schmächtige Junge aus der Nachbarschaft, stand unten auf dem winzigen Fleckchen Wiese, das vor den Hochhäusern existierte. Eigentlich war es keine Wiese, nein, vielmehr ein paar einsame, vertrocknete Grasbüschel.

Ansonsten gab es dort nur noch grauen Beton.

Ido blickte in die Ferne.

Es sah so aus, als ob er, der Kapitän, eines Schiffes wäre, der sein Schiff durch die reißenden Ströme der wilden Meere steuern wollte.

Immer einen Schritt näher an der nächsten Gefahr, am nächsten Abenteuer.

Ido, der Herrscher der Meere, mutig, trotzig und wild. Der Erste im Kampf um alles, was glitzerte und funkelte.

Ja, von hier oben, sah Ido genauso aus!

Daminia lachte in sich hinein.

Ido, der nicht einmal bis auf drei zählen konnte, ohne rot anzulaufen, vor anderen.

Es fiel ihr der Vorfall vor ein paar Tagen ein, als die Lehrerin ihn aufgerufen hatte.

Sie hatte eine Frage zu den Steinzeitmenschen gestellt. Dann hatte sie herumgeblickt und ihr Blick war auf Ido gefallen. Zu ihm sagte sie: „Ido, kannst du mir diese Frage beantworten?" Sie blickte ihn dabei erwartungsvoll an.

Ido war rot angelaufen und hatte stammelnd und stotternd die Antwort gemurmelt. So leise, das die Lehrerin ihn bitten musste, es noch einmal zu wiederholen. Sehr zur Erheiterung der ganzen Klasse.

Nur Daminia hatte er leidgetan.

In ihrer Erinnerung war er schon immer ein wenig anders, wie andere. Alle Jungs, die Daminia ansonsten kannte, waren laut und ständig damit beschäftigt, sich gegenseitig in den Dreck zu werfen.

Ido aber, war schon immer eher ein ruhiger und stiller Junge gewesen.

Daminia kannte ihn schon aus dem Kindergarten. Sie waren zusammen in die Sternengruppe gegangen. Bei den wilden Spielen, die die anderen so zu schätzen wussten, wollte er nie mitmachen. Deshalb war er für alle nur das Weichei.

Auch jetzt war er immer noch so! Daminia blickte wieder zu Ido hinunter.

Der sonst so schüchterne Ido stand nun da, wie der Kapitän der „Wilden 13", kampfbereit und mutig.

Daminia lehnte den Kopf an die Fensterscheibe. Warum nur, erinnerte sie der Anblick Idos an einen kämpferischen Piratenkapitän? Wie kam sie gerade auf Piraten? Es konnte wohl kaum daran liegen, dass sie von Piraten gelesen hätte, grinste sie in sich hinein.

Denn lesen war für Daminia ein Graus!

Lesen und schreiben waren Dinge, die Daminia nur mit äußerster

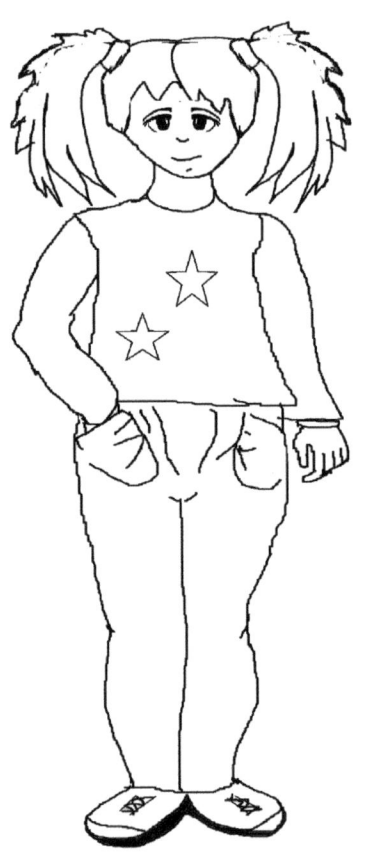

Androhung von Strafe erledigte. Ihre Mutter war mittlerweile sehr erfinderisch im Ausdenken von Strafen. Sie dachte sich immer besonders gemeine Dinge für nicht gemachte Hausaufgaben aus.

Denn die waren schon immer eindeutig Daminias Hassobjekt gewesen, sehr zum Leidwesen ihrer berufstätigen Mutter.

Und wenn sie die Aufgaben dann gezwungenermaßen machte, weil ihre Mutter ihr wieder einmal eine ihrer übelsten Strafen androhte, waren sie nie so, wie die es sich wünschte.

Die Mutter regte sich, wenn sie diese kontrollierte, immer furchtbar auf. Denn Daminia machte beim Schreiben immer viele Fehler.

Die, die sie selbst bemerkte, strich sie immer einfach nur durch und so kam es, dass die Hausaufgaben meist, mehr aus Strichen, als aus geschriebenen Wörtern bestanden. Diese Tatsache ärgerte ihre Mutter so sehr, dass sie sie zwang, sie noch einmal zu machen.

Doch besser wurden sie davon nicht.

Ihre Mutter gab dann meist genervt nach und beließ es dabei.

Damina fand bockig sowieso, dass dieser Schulkram auch nur was für Streber war, wenn sie mit ihren Freundinnen darüber sprach.

Für Streber, wie zum Beispiel, Eram einer war. Der war immer der Klassenbeste und wurde von den Lehrern als leuchtendes Beispiel hervorgehoben. Wie sie den hasste!

Der Streberclub

Eram war einer der wenigen, in der Klasse, mit denen Daminia nicht redete.

Denn er gehörte dem Streberclub an. Die Mitglieder waren alles Schüler, die heulten, wenn sie nur eine zwei geschrieben hatten. Mit solchen Angebern wollte sie nichts zu tun haben!

Eram war geradezu ein Paradebeispiel für den Streberclub, immer schick angezogen, die Frisur möglichst en vouge! In seiner Hose war nie ein noch so kleines Loch. Seine Mutter holte ihn immer nach der Schule, mit dem großen Auto ab und er konnte sich Hobbies, wie Tennis leisten.

Er stolzierte immer über den Schulhof, als gehöre er ihm und umgab sich mit seinen Bewunderern.

Die waren alle samt Clubmitglieder und kämpften um die Ehre, in seiner Ecke mit ihm tafeln zu dürfen. Seit der letzten Woche war er noch unausstehlicher geworden, denn er hatte ein überaus wichtiges Tennisturnier gewonnen. In dessen Ruhm sonnte er sich nun. Ja, Eram war vom Glück geküsst!

Sein Vater war ein Manager und verdiente sich dumm und dämlich. Deshalb konnte die Mutter auch zu Hause bleiben und sich um Eram kümmern.

Im Gegensatz zu Daminias Mutter, die hatte drei Jobs, damit sie über die

Runden kamen, wie sie es immer ausdrückte.

Doch auch dann, war das Geld immer knapp. Daminia wusste, wenn ihre Mutter einen davon verlieren würde, würden sie wieder zur Arche müssen.

_____

Die Arche

Die Arche war eine soziale Einrichtung.

Sie half vor allem den ärmeren Familien, des Viertels. Dort gab es jeden Tag eine kostenlose warme Mahlzeit.

Dort waren Daminia und ihre Mutter noch vor ein paar Wochen regelmäßig hingegangen. Und es graute Daminia gewaltig davor, da wieder hin zu müssen.

Nicht, dass die Leute da nicht nett gewesen wären, aber man hätte sie ja dort sehen können.

Wie hätte sie da nur vor den Klassenkameraden dagestanden.

Eine glühende Röte überzog Daminias Gesicht bei dem Gedanken daran.

Oft war sie nur knapp diesem Schicksal entronnen.

Einmal hatte sie Ima auf dem Weg dorthin getroffen und die lief mit ihr ein Stück, die Straße entlang.

Auf die Frage, wohin sie denn wolle, hatte sie aus lauter Verlegenheit, „Einkaufen!" gesagt. Das hatte zum Endergebnis, das Ima unbedingt mitwollte.

Da war guter Rat teuer gewesen und sie hatte wohl oder übel ein teures Paket Butter im Supermarkt kaufen müssen.

Den ganzen Einkauf über hatte Ima ihr von ihrer neuesten Cousine erzählt, die gerade frisch vor drei

Wochen zur Welt gekommen war. Auf dem Rückweg wurde sie Ima nur mit einer Ausrede los.

So erklärte ihr Daminia, sie müsse noch ihre Hausaufgaben machen und deshalb schnell nach Hause. Das verstand Ima sofort. Denn Imas Mutter war sehr streng, wenn es um die Schule ging.

Doch kaum war Ima, um die Straßenecke gebogen, da wuselte Daminia im Laufschritt Richtung Arche davon.

Denn sie würde nur dort heute etwas Warmes zu essen bekommen!

Dabei blickte sie sich immer wieder gehetzt nach hinten um, denn sie hatte große Angst, das Ima noch einmal auf die Straße zurückkehren könnte. Dann wäre guter Rat teuer gewesen.

Aber zu Daminias Glück, tat sie es nicht!

Immer noch, obwohl es schon Wochen her war, dachte Daminia mit Unbehagen an diese Begebenheit.

Ima hätte bestimmt damals über sie gelacht, wenn sie ihr die Wahrheit erzählt hätte. Oder noch schlimmer, es in der ganzen Schule herumerzählt und wie wäre sie dann dagestanden.

Die Angst davor, saß ihr noch in den Knochen. Vor allem aber hatte sie vor dem Gerede Angst gehabt.

Eine Menge von Gemeinheiten, fielen Daminia sofort ein, wie zum Beispiel: "He, heute schon was zu essen gehabt?" oder „Na, was gibs denn heute bei den Assis in der Arche wieder leckeres?"

Das und einiges mehr, hätte sie bestimmt zu hören bekommen, von den anderen.

Und das nur, weil ihr Vater nicht mehr da war und ihre Mutter alles alleine stemmen musste. Eine Träne lief über ihre Wange. Daminia riss sich zusammen.

Nein, es hatte keinen Sinn zu weinen. Und doch hatte sie mehr als einmal sich in den Schlaf geweint.

Dabei ging es ihr noch gut im Verhältnis zu anderen, die in der Arche ein- und ausgingen.

Dort gab es eine Menge Kinder, die es noch schlimmer getroffen hatte, wie sie selbst.

Zum Beispiel war da Mikai, der lieber auf der Straße lebte, als zu Hause und Pitra, die noch für ihre drei kleinen

Geschwister sorgen musste. Ihre Eltern waren Schichtarbeiter. Sie hatten kaum Zeit für ihre Kinder und die Großeltern wohnten weit weg in Bulgarien.

Geld hatten alle keines oder nur wenig und auch bei ihnen war Geld der Hauptgrund des ganzen Kummers.

Geld, das sie nicht hatten und vermutlich nie haben würden. Sie hatte früh gelernt ihre Wünsche nicht zu äußern, denn den Kummer wollte sie ihrer Mutter ersparen.

Den Kummer darüber hatte Daminia nämlich schon einmal bei ihrer Mutter gesehen und konnte sich noch ganz genau an diesen schlimmen Tag und Augenblick erinnern.

Es passierte als sie noch kleiner war. Sie waren gerade in der Stadt gewesen. Für den Heimweg nahmen sie die Straßenbahn, wie immer. Kurz vor der Haltestelle gab es eine Eisdiele. Daminia wusste das. Es war ein heißer Sommertag gewesen und Klein-Daminia wollte unbedingt ein Eis.

Ihre Mutter und sie stritten ganz fürchterlich deswegen und vor der Eisdiele angekommen, stellte Daminia endgültig auf stur und ging keinen Schritt weiter.

Da war ihre Mutter in Tränen ausgebrochen und hatte geschrien, sie habe leider kein Geld für ein Eis.

Sie würde es ihr ja gerne kaufen, aber für diesen Monat war einfach kein Cent mehr übrig.

Dann war ihre starke Mutter weinend zusammengesunken.

Daminia hatte sich so geschämt! Tröstend hatte sie ihre kleinen Patschhände um das Gesicht der Mutter gelegt.

Die Mutter, war doch das Einzige, was sie noch hatte.

Ihr Vater hatte sie vor vielen Jahren einfach verlassen. Einfach so, ohne Abschied!

Die Mutter hatte tagelang geweint. Dann hatte sie ihre Tränen abgewischt und war mit Daminia zum Arbeitsamt gegangen. Dort hatte man ihr einen Job vermittelt.

Ab diesem Tag musste Daminia von morgens um halb acht bis um fünf im Kindergarten bleiben.

Wie hatte sie ihre Mutter dort vermisst, obwohl es ihr im Kindergarten gut gefiel. Immer hatte sie Angst gehabt, ihre Mutter würde, wie ihr Vater, einfach weggehen.

Doch ihre Mutter ließ sie nicht im Stich!

Nach dem Kindergarten war Daminia in die Schule gekommen und ab da musste sie nach Schulschluss für sich selbst sorgen.

Dabei hatte sie es noch richtig gut, denn bei manchen in der Arche sah es noch übler aus.

Die Kinder der Arche

Die Kinder der Arche waren alle Kinder aus dem Viertel.

Es gab Kinder unter ihnen, die es noch schlimmer erwischt hatte, als Daminia. denn sie mussten sich noch um ihre Geschwister kümmern. Ihr hing wenigstens keiner am Hals.

Doch bei Pitra sah das anders aus. Die hatte den ganzen Tag ihre kleinere Schwester an der Backe. Die klammerte sich an sie und jammerte die ganze Zeit. Sie gönnte ihrer großen Schwester keinen Augenblick Ruhe.

Daminia hatte Pitra oft bewundert. Die war nie ungehalten und widmete sich auch am Ende des Tages ihrer

Schwester mit der gleichen Geduld, als gleich nach dem Mittagessen.

Ja, Pitra war jemand ganz Besonderes!

Aber auch Antoni, der in einer Bar arbeitete, um sich ein wenig Geld zu verdienen, war ein toller Kerl.

Er hatte nur noch einen Vater. Die Mutter lebte nicht mehr. Leider verdiente der nicht genug Geld, obwohl er den ganzen Tag als Taxifahrer arbeitete. Deshalb mussten sie in einer Einzimmerwohnung campieren. Denn die Mieten im Viertel waren hoch.

Oder Antonis Freund Daran, der ganz alleine auf der Welt war, weil seine Eltern nicht mehr lebten. Sie waren bei einem Verkehrsunfall ums Leben gekommen, als er erst sechzehn Jahre alt war. Er hatte einen Heimplatz gehabt, aber es dort nicht ausgehalten. So war er eines Tages in die Arche gekommen und dort gestrandet. Er war einer der wenigen, die dort sogar schliefen. So gesehen ging es Daminia doch blendend.

Nun hatte sie auch noch das Glück, nicht mehr dort hin zu müssen und ihre Erleichterung war fast greifbar, denn ihre Mutter hatte einen besser bezahlten dritten Job angenommen.

Trotzdem konnte Daminia oft ihr Glück nicht empfinden. Zu oft fühlte sie sich schlecht und sehr allein.

Dann saß sie wie heute, in ihrem Zimmer und malte.

An diesen Tagen war es meist so, dass ihr all das durch den Kopf ging, was andere hatten und sie nicht.

Wie Emi zum Beispiel, deren Eltern so viel verdienten, dass sie Einzeltanzunterricht bekam, bei einer Primaballerina.

So wie auch Ulaiani, die in den letzten zwei Jahren im Sommer nach England geschickt wurde, nur um ihr Englisch zu verbessern.

Oder Arthur, der seit der fünften Klasse einen Nachhilfelehrer sein Eigen nannte.

Auch Mino, der zu jedem Fußballspiel seines Lieblingsvereins Schalke ging.

Diese Karten kosteten so viel, wie Daminia und ihre Mutter in einer Woche für Lebensmittel ausgeben konnten.

Wenn sie darüber nachdachte, war sie so voller Neid, dass sie hätte schreien können.

Vor der Eisdiele damals hatte ihre Mutter sie nach einer Weile an sich gezogen und gestreichelt.

Es tue ihr so leid, hatte sie ihr dann unter Tränen zugeflüstert, sie hätte sie so lieb und würde ihr so gerne alles geben, was sie sich wünschte, aber das Geld reiche einfach nicht. Diese Worte hatten sich in ihr Herz gebrannt.

Die Bedienung des Eiscafés hatte die Situation mitbekommen und schenkte ihnen aus Mitleid beiden ein Eis.

Ein wenig getröstet waren sie zusammen nach Hause gefahren. Daminia hatte sich damals geschworen, nie mehr etwas einfach nur haben zu wollen.

Denn die Mutter sollte nie mehr wegen ihr so weinen müssen.

Bei diesem Gedanken blickte Daminia traurig wieder aus dem Fenster und sah, dass Ido immer noch dastand. Es verwunderte sie sehr.

„Was machte Ido da eigentlich?", ging es Daminia durch den Kopf und sie vergaß darüber ihre Traurigkeit.

Ido, stand immer noch still, am selben Ort, den Blick Richtung Wohnanlage gewandt.

Still, wie eine auf der Lauer liegende Katze!

Die Jungengang

Im Augenwinkel sah Daminia etwas Rotes aufblitzen. Sie drehte den Kopf und sah zur Straße hin.

Da bewegte sich ein Jungentrupp von der Wohnanlage in Idos Richtung.

Sie waren weithin sichtbar, denn ein leuchtender Rotschopf war unter den Mitgliedern der Truppe. Dessen Haare leuchteten in der Sonne immer wieder auf und machten alle auf die herannahende Gruppe aufmerksam.

Mik, Diro und Nuem, sahen Daminia ~~da~~ kommen und hinterherlief der kleine Ule, der mit seinen kurzen Beinen nicht recht Schritt halten konnte.

Mik war der Größte von ihnen. Seine langen stämmigen Beine ließen ihn auf die beachtliche Größe von eins siebzig kommen und das mit dreizehn Jahren.

Er hatte ein auffälliges Holzfällerkreuz und die Muskelpakete seiner Arme konnte man durch das T-Shirt hindurch genau erkennen.

Sein brauner Haarschopf war zu einem Iro gestylt und sah aus, wie der Kamm eines dieser Kampfhähne, die in Asien so beliebt waren.

Sein Gesicht war immer zu einer grimmigen Grimasse verzogen. Auch seine Hände, die beeindruckend groß waren, hatte er immer zu Fäusten geballt.

Sein ganzer Körper drückte eine starke Wachsamkeit aus.

Er wirkte für jemanden, der ihn nicht kannte, immer so als würde er jeden Augenblick auf einen Angriff warten.

Wobei bei denen, die ihn kannten, die Frage aufkam, wer sich das denn nur trauen würde.

Denn dann würde derjenige in kürzester Zeit ein Krankenhaus von innen kennenlernen.

Sein schlechter Ruf war beachtlich und er war alles andere als unbegründet.

Wenn sein Name fiel, guckte sich jeder unsicher um, ob er nicht zufällig in seiner Nähe stand.

Seine Gangmitglieder waren ebenso verrufen, wie er.

Da war zum Beispiel Diro.

Er war etwa, um einen halben Kopf kleiner als Mik und auch runder.

Sein kleiner Bauchansatz brachte ihm oft den Spott von Mik ein. Mik, sagte oft, Fettbacke zu ihm oder da rollt er wieder, der Diro. Deshalb zog er meist zu große Pullis an und wirkte dadurch nur noch massiger.

Er hatte große Hände, die fast so groß waren wie die von Mik.

Die konnten ordentlich zupacken. Wenn er einen im Schwitzkasten hatte, gab es so schnell kein Entrinnen mehr.

Sein roter Schopf war schon von Weitem zu erkennen, sodass jeder, der ein rotes Funkeln sah, sich augenblicklich vom Acker machte.

Denn, wo Diro war, war Mik nicht weit.

Sein Haar hatte Diro schon manchen Kummer bereitet. Doch zugeben würde er das nie.

Auch Daminia hatte am Fenster die Gruppe an Diros roten Haaren erkannt. Wie so manch anderer auch, der nun schnell die Kurve kratzte, um der Gang nicht zu begegnen. Denn das endete nie gut.

Die anderen Gangmitglieder aber hatten keine auffälligen Haarfarben. Nuem hatte zum Beispiel Haare, die so schwarz waren, wie die Nacht. Sie standen meist in wilden Büscheln von seinem Kopf ab. Seine Klamotten waren immer sauber, aber meist voller Flicken und

Löcher. Zudem waren die Hosen immer einen Tick zu kurz.

Es sah so aus, als wäre er frisch aus ihnen herausgewachsen.

Er bekam sie immer von seinem älteren Cousin, um sie aufzutragen. Keinem schien es aufzufallen, dass er mittlerweile nicht mehr hineinpasste. Sein Cousin wuchs einfach nicht so schnell wie er.

Aber zu Hause war das Geld knapp und die Kleider waren umsonst. Wen juckte es da, außer Nuem, dass die Hosen zu kurz waren?!

Nuem hätte alles dafür gegeben, wenn er Geld gehabt hätte wie Eram. Um sich dann die coolen Levis-Jeans zu holen, die Mik trug. Dann gab es noch Ule, der kleine Ule, der auch dazugehörte.

Er war ein beeindruckend hübscher Bursche. Seine Haare waren lang und hatten die Farbe von hellbraunem Honig. Seine Augen waren so blau wie der Himmel an einem schönen Frühlingstag und sein Gesicht war von der Sonne gebräunt.

Wenn er lächelte, schmolzen die Herzen aller anwesenden älteren Damen.

Aber auch manch ander holde Schönheit ließ dieses Lächeln nicht kalt.

Die nicht vorhandene Größe war da eher eine Nebensache, die vor allem Ule selbst sehr störte. Er fand es einfach unmännlich, so klein zu sein, doch er konnte nur warten bis sein Wachstum sich dafür entschied weiter zu machen.

Ule war schon ganz schön genervt davon und seine Mutter machte sich Sorgen um ihr Sonnenscheinchen. Zu allem Unglück nämlich hatte Ule eine Mutter, die einfach nur entzückt war von ihrem Sohn.

Er wurde von hinten bis vorne bedient und bekam alles was er sich nur wünschen konnte.

Seine Mutter brachte es sogar fertig, ihn von der Schule abzuholen und vor dem Schulgebäude zu küssen!

Einfach unglaublich!

Ule war heilfroh, dass sie seit Neuestem, eine neue Arbeit angenommen hatte. Sie arbeitete nun den ganzen Tag und kam erst kurz vor seinem Vater nach Hause.

Nun war Ule frei und hatte Zeit, mit den anderen abzuhängen und sich nützlich zu machen. Seine Mutter war der Meinung, er ginge in den Hort, aber er wollte da sein, wo die Aktion war.

Und die war eindeutig bei Mik und den anderen halt.

Deshalb schummelte er sich immer früher heim.

Seine Betreuerin war nun einmal Wachs in seinen Händen und glaubte ihm einfach alles.

Grinsend dachte Ule dann immer an die haarsträubenden Geschichten, die er ihr mal wieder aufgetischt hatte.

Ja, es war so easy, seine eigenen Wege zu gehen. Wenn seine Mutter das wüsste! Dann wäre was los!

Doch sie wusste nichts und er war da, wo er sein wollte, beim coolen Mik.

Genau diese Bande sah nun Daminia auf Ido zukommen.

Daminia hätte am liebsten Ido auf die Gefahr aufmerksam gemacht, aber dann hätte Mik sie gehört und von allen Kindern dieser Welt wollte Daminia am allerwenigsten von Mik gesehen oder gehört werden.

Denn er war der gemeinste Kerl auf der Welt, da war sich Daminia sicher. Deshalb konnte man nur hoffen, dass er einen übersah.

Er quälte alles, was bei drei, nicht auf den Bäumen war.

In der Schule versuchte jeder, so schnell er konnte, aus dem Umkreis von Mik zu verschwinden. Denn wenn er einen sah oder man irgendwie seine Aufmerksamkeit erregte, konnte man froh sein, wenn man dabei nur sein Handy verlor.

Meist aber waren es gemeine Schläge, die man zusätzlich abbekam. Gut gezielte, in die Magengegend oder auf den Arm. Derjenige, den sie trafen, hatte das Gefühl, das Mik immer genau die Stellen traf, die am meisten Schmerzen bereiteten.

Keiner legte sich mit ihm freiwillig an oder wehrte sich lange. Denn, das hatte nur zur Folge, dass man ab da auf Miks Liste stand.

Die Liste

Die Liste war etwas, auf dem keiner der Kinder aus dem Viertel stehen wollte. Um die Liste zu verstehen, musste man wissen, was es zu bedeuten hatte, darauf zu stehen.

Wer es bedauernswerterweise auf die Liste geschafft hatte, konnte sich der ungeteilten Aufmerksamkeit von Mik für die nächsten drei Wochen sicher sein.

Kein Entrinnen gab es dann für denjenigen und keine Gnade.

Man konnte sich nur freikaufen, indem man sein Taschengeld an ihn übergab oder seine Hausaufgaben machte.

Nein, Mik war keiner, den man irgendwie oder durch irgendetwas, auf sich aufmerksam machen sollte oder wollte. Damina sah sie weiter auf Ido zukommen, noch hatten sie ihn nicht bemerkt. Warum lief Ido nicht wie die anderen davon?

Ido, stand immer noch auf demselben Fleck.

Er musste sie doch kommen sehen, dachte Daminia bei sich.

Denn er sah doch genau in ihre Richtung. Sah sie auf sich zukommen und musste doch wissen, was ihm blühte, wenn Mik ihn sah. Denn Ido stand auf Miks Liste.

Er hatte es irgendwie geschafft, sogar den ersten Platz darauf zu ergattern und ihn auch noch hartnäckig zu halten.

Da er sich immer wehrte und sich einfach nicht freikaufte. Obwohl er ein schüchterner Junge war und ziemlich unsicher, bewies er in diesem Punkt außergewöhnlichen Mut.

Mehr als ihn die anderen Kinder aufbrachten. Etwas, was man ihm so gar nicht zutraute.

In den letzten Wochen aber, hatte er sich irgendwie verändert. Er machte sich unsichtbar so hätte man meinen können, als wäre er nicht da und Mik konnte ihn einfach nicht in die Finger kriegen.

Das trieb Mik fast bis zur Weißglut. Doch jetzt würde er ihn zu fassen bekommen, denn da stand er, wie ein Fels in der Brandung und bewegte sich nicht.

„Ido!", dachte Daminia.

Doch Ido blieb, wo er war. Er sah Mik und seiner Bande furchtlos entgegen.

Da passierte die Katastrophe, die Daminia schon vorausgesehen hatte, denn Mik entdeckte Ido und schwenkte seinen Weg zu ihm um.

"Oh, nein", dachte Daminia und biss sich auf die Lippen. Bis zuletzt hatte sie noch die Hoffnung gehabt, dass Mik Ido doch übersehen würde. Doch nun war es geschehen!

Mik war nur noch wenige Meter von Ido entfernt. Daminia sah ihn seinen Mund bewegen, aber hören konnte sie ihn nicht. Sie öffnete deshalb das Fenster und lehnte sich ein Stück weit hinaus. Bruchstückhaft hörte sie nun Miks Worte.

„Ido", sagte er, "Idolein, so allein heute?"

Mik war hoch erfreut, Ido endlich einmal wieder zu erwischen. Und er lächelte sein kaltes, grausames Lächeln.

Das benutzte er immer, wenn er etwas besonders Gemeines vorhatte.

„Lauf Ido!", schrie Daminia nun, ohne groß darüber nachzudenken. Doch er hörte sie nicht!

„Ido, du kleines Weichei, sollen wir ein bisschen mit dir spielen?" fragte Mik, der Daminia zu ihrem Glück auch nicht gehört hatte.

Denn er war so auf Ido fixiert, dass er nicht einmal einen vorbeifahrenden Panzer gehört hätte.

„Ido, du sprichst wohl nicht mehr mit jedem", wollte Mik wissen. Doch weder regte sich Ido noch antwortete er. Er stand einfach weiter da und blickte Mik an.

„War er tot?", fragte sich Daminia, „oder vor Schreck erstarrt? Wie konnte er nur so dastehen, als wäre er eine Statue aus Stein.

Warum wollte er nicht fliehen?

Wie war es möglich, dass er einfach nichts tat, wo sie doch schon längst über alle Berge gewesen wäre?"

Was war nur mit Ido los, warum reizte er Mik so? War er lebensmüde oder nur total übergeschnappt?!

Mik ging um Ido herum und schubste ihn an. Ido aber blieb ohne sich zu bewegen an Ort und Stelle stehen. Mik starrte verwundert auf Ido.

Man konnte regelrecht sehen, wie ihm das Ganze, so langsam ein wenig unheimlich wurde.

So etwas hatte er bis dahin noch nie erlebt.

Dass einer einfach so dastand und sich nicht regte. Und dann ausgerechnet Ido!

Der Ido, den er schon seit Jahren quälte und der ansonsten so ein Weichei war. Was sollte das denn bedeuten?

Wenn man genauer hinsah, konnte man sogar eine Spur von Unsicherheit bei Mik erkennen, dessen Augenbraue verdächtig zu zucken begann.

Doch wer traute sich das schon?
Mik umrundete Ido erneut.

Ido und Mik

„Ido", brüllte er ihm ins Ohr. Dabei stieß er ihn wieder an. So fest er nur konnte und jeder andere wäre umgefallen.

Doch Ido bewegte sich immer noch nicht, als würde er mit der Erde verwachsen sein, wie ein Baum. Mik geriet darüber nun so richtig in Wut. Sein Gesicht verfärbte sich langsam tomatenrot und seine Hände ballten sich zu Fäusten.

Er sah aus, wie eine Dampfmaschine, kurz vorm Overkill. Sein Körper begann zu vibrieren und das Gefühl der Wut, die sich ins maßlose steigerte, konnte jeder in seiner Umgebung wahrnehmen.

Die geballte Faust bewegte sich mit enormer Wucht auf Ido zu und es sah aus, als wollte Mik Ido damit in den Boden stampfen.

Daminia hielt die Luft an und klammerte sich am Fenstergriff fest. Die blanke Angst um Ido stand ihr ins Gesicht geschrieben und der Mund war zu einem unhörbaren Schrei geöffnet.

Miks Faust kam unaufhaltsam auf Ido zu und näherte sich allmählich mit Lichtgeschwindigkeit.

Da plötzlich bewegte sich Ido.

Es ging so schnell, dass Daminias Augen nur ein kurzes Wackeln mitbekamen.

Doch wer nahe dran war, sah, dass er nach Miks Arm griff und dann, den ganzen, großartigen Mik, durch die Luft sausen ließ, so dass dieser auf seinem Bauch im Dreck landete. Und das, so schnell wie ein Wimpernschlag dauerte. Es sah fast so aus, als wolle Ido nur Miks Hand schütteln und schon lag Mik mit dem Gesicht im Dreck.

Unmittelbar vor seiner Jungengang. Mik war entsetzt!

Wie stand er nun vor ihnen da?! Vor Nuem, Diro und Ule, diesem Zwerg. Wie nur?! Zorn machte sich breit! Überschäumender, unbeherrschtbarer Zorn, der immer mehr die Kontrolle über ihn übernahm und ihn zu einer nicht zu unterschätzenden Kampfmaschine machte.

Vor der eigentlich jeder, nur eines machen sollte, nämlich davonlaufen.

Schnell davonlaufen! Blitzartig die Biege machen!

Seine Gesichtsfarbe wechselte von tomatenrot zu auberginefarben. Das konnte nur keiner sehen, weil sein Gesicht in den paar Grasbüscheln steckte, die vor dem Hochhaus bekanntlicherweise wuchsen.

Er blickte zu Ido auf, der konnte die Wut sehen und doch rannte er nicht fort! Er stand weiter da über Mik gebeugt und zum ersten Mal sprach er und sagte: "Mik, du solltest gehen, dir scheint es heut nicht gut zu gehen. Wenn man einfach so umfällt, das ist kein gutes Zeichen!"

Mik aber sah wie gesagt, nicht mehr rot, sondern auberginefarben aus. Er rappelte sich auf und schnaubte wie ein wild gewordener Stier.

Seine Gesichtsfarbe begann sich während der Ansprache von Ido noch einmal zu verfärben, nämlich von Aubergine zu schwarzlila.

Er sah zum Fürchten aus und sein Kopf wirkte doppelt so groß wie zuvor.

„Du, du", keuchte er etwa atemlos durch den Sturz. spargeltarzaniger, winziger,wurmähnlicher, zwergenhafter,weicheimäßiger Maulheld!

Was meinst du eigentlich, wen du vor dir hast, hä! Ich bin Mik, der Chef des Viertels! Weißt du eigentlich, mit wem du dich da anlegst? Hä? Weißt du, dass ich der Boss bin hier? Wer bist du denn? Hä, Ido, wer bist du schon?!"

„Ich?!" lächelte Ido, als wäre das ein kleiner Plausch unter Freunden, „wer ich bin, willst du wissen? Ich bin der, der dich eben auf den Boden gelegt hat." „Und wenn man es genau nimmt, der, der es auch gern noch einmal tut!", setzte Ido, noch eins oben drauf.

Er lächelte in sich hinein. Die vielen Stunden bei Meister Tanaka im hinteren Raum des Fitnesscenters auf vergammelten Matten waren hart gewesen.

Der Alte gab im Fitnesscenter jede Woche mehrere Kurse in Jui Jitsu. Die waren sehr teuer und Ido konnte sie sich eigentlich nicht leisten. Denn auch er stammte aus einer nicht gerade reichen Familie.

Er hatte sie ihm abgebettelt, nachdem er gesehen hatte, wie der Alte einen der Bodybilder aufs Kreuz gelegt hatte.

Ja, dieser alte, kleine Mann, hatte einen brüllenden, tobenden Zweimeterriesen einfach über die Schulter geworfen, als wäre er ein Sack voller Federn.

In diesem Augenblick hatte Ido gewusst, dass das die Antwort auf seine Gebete war. Meister Tanaka war seine Rettung!

Er musste ihm beibringen, wie man so etwas machte. Wie man sich gegen die Übermacht eines anderen, viel stärkeren, wehrte.

Tagelang hatte er ihm immer wieder aufgelauert und ihm seine Bitten vorgetragen. Endlich - nach einer

Woche - hatte der Alte nachgegeben. Denn er mochte Menschen, die hartnäckig ihr Ziel verfolgten. Doch Ido hatte für seine Bitten bitter bezahlt.

Mit Schweißtropfen, Krämpfen und Wut! Jedes Atemholen, jede Handbewegung und jede Art von Körperspannung, war bis zum geht nicht mehr wiederholt worden. Bis, ja bis, es wie von selbst ging. Er musste nicht mehr denken, nein, sein Körper handelte, wie von selbst. Als sei das für ihn die natürliche Abfolge von Bewegungen, die er immer schon getan hatte.

Meister Tanaka hatte sich als strenger Lehrmeister herausgestellt, der nur Perfektion duldete und sonst nichts. Stunde um Stunde am späten

Abend, hatte er ihn trainiert, geformt und geschunden.

Kein halbherziges Ausführen der Übungen hatte er geduldet und keinen Schnitzer übersehen.

Geduld war etwas, was Meister Tanaka im Übermaß zu besitzen schien und keine Regung, kein Lob war von ihm einfach zu bekommen.

Meister
Tanaka

Meister Tanaka

Meister Tanaka stammte aus Japan, er war selbst durch eine harte Ausbildung gegangen und hatte gelernt, dass nur harte Arbeit und Disziplin einen zu dem machte, was man sein wollte.

Er hatte das Glück gehabt, die Samurai-Geschichte bei einem der vielleicht letzten Samurais, zu studieren. Von ihm hatte er sein Handwerk gelernt und seine Weltansicht. Auch die Werte und Lebensweise der einst so bedeutenden Krieger hatte er von diesem Mann dort gelernt und verinnerlicht.

Vielleicht wäre er ohne ihn auf dem krummen Weg gelandet. So arm wie er damals war, ohne Job-Perspektive.

Ein Junge, der vor allem Hunger kannte. Dessen Familie ein so ärmliches Leben führte, am Rande der Stadt, das sie in ein kleines Dorf wanderten, um dort ihr Glück zu finden.

Doch auch hier ging es ihnen kaum besser. Meister Tanaka hatte seine fleißige Mutter krumm werden sehen von der schweren Arbeit auf dem Reisfeld eines reichen Mannes. Der Vater wurde von einer Wasserschlange auf dem Reisfeld gebissen und starb.

Der alte Samurai, der im Dorf lebte, hatte sie dann zu sich genommen, damit seine Mutter für ihn kochte und sorgte.

Der Samurai hatte ihnen ein Zimmer dafür gegeben und Meiser Tanaka, seine Schwester Misaki und sein kleiner Bruder Kaito unter seine Fittiche genommen.

Er hatte seine Schwester an einen guten Mann verheiratet und ihr eine Mitgift gegeben. Seinen Bruder Kaito hatte er in die Armee gebracht und der war noch heute dort.

Ihm aber hatte er alles beigebracht, was er selbst wusste und viele geheime Dinge gelehrt.

Japan allerdings, lag nun schon lange hinter ihm und seine Vergangenheit dort, war wie hinter einem Schleier versunken.

Hier arbeitete er im Fitnessstudio und gab Stunden in mehreren Kampfsportarten.

In seiner Freizeit macht er auch den Hausmeisterjob des Hotels Rakas, nebenher, um noch mehr Geld zu verdienen.

Denn seine kleine Familie bekam am Ende des Jahres Zuwachs.

Seine Tochter Sakura war frisch verheiratet und schwanger. Meister Tanaka freute sich sehr auf sein erstes Enkelkind und hatte sich vorgenommen, die kleine Familie zu unterstützen.

Denn sein Schwiegersohn hatte wahrlich keinen gut bezahlten Job.

Er war Erzieher und arbeitete mit Kindern, die ein Handicap hatten. Meister Tanaka war überzeugt, dass er ein guter Mann war, auch wenn er nicht gut verdiente. Vielleicht gerade deshalb.

So war es dem alten Mann eine Herzensangelegenheit, ihnen unter die Arme zu greifen und ihnen das Leben mit ein wenig Geld zu erleichtern.

Von all diesen Dingen aber wusste Ido allerdings wenig.

Er kannte Meister Tanaka nur als gestrengen Lehrmeister.

Die Stunden, die sich wie Jahre zogen bei ihm, immer mit dem Gedanken ..., immer mit dem Hoffen..., immer... Ido sah zurück auf die elende Schinderei, die hinter ihm lag.

Die Zeit, bei Meister Tanaka war eine der härtesten seines Lebens gewesen.

Zusätzlich dazu musste er die ständigen Demütigungen von Mik ertragen, durfte nicht voreilig sein neu erworbenes Können erproben.

Denn Meister Tanaka hatte ihm sehr deutlich gemacht, wieviel Macht in einem Überraschungsangriff steckte.

Diese Macht wollte Ido nicht leichtfertig durch seine Ungeduld und seinen immer größer werdenden Zorn aufs Spiel setzen.

Nein, er hatte sich in Geduld geübt und weiter an sich gearbeitet, bis Meister Tanaka ihm gesagt hatte, er wäre so weit.

Und heute, ja heute, war der Tag des Überraschungsangriffes gewesen.

Der Kampf

Ido sah Mik an, der da vor ihm stand, groß und überaus gefährlich. Nun war der Überraschungseffekt vorbei und er musste sich auf sein Können verlassen.

Mik griff zum zweiten Mal an.

Seine Faust flog mit wilder Entschlossenheit auf Idos Gesicht zu und...... zwei Sekunden später, spürte Mik abermals den harten Aufprall seines Körpers auf dem kargen Stückchen Wiese vor den Hochhäusern.

Miks Weltbild geriet aus den Fugen und er war wütender als jemals zuvor. Er konnte kaum atmen vor Wut, und sein Gesicht hatte sich zu einer gar grauenhaften Maske verzerrt.

Im Nu sprang er auf und landete bevor er richtig stand, gleich wieder im Dreck. Dieses Mal erneut mit dem Gesicht nach unten, so dass er aussah, wie ein Ochse, der einen Grasbüschel im Mund hatte. Spuckend kam er wieder auf die Beine.

Er drehte sich zu Ido um.

Mik war fassungslos, mit großen Augen starrte er Ido an. Sein Mund stand einen Spalt offen. Ein einzelner Grashalm hing an seinen Lippen.

So etwas war ihm in seinem ganzen gewalttätigen, kurzen Leben noch nicht begegnet und er wusste, in diesem Moment auch nicht, was er nun tun sollte.

Normalerweise flüchtet jeder, der ihn nur kommen sah, mit Ausnahme seiner Bandenmitglieder.

Und selbst die, waren immer auf der Hut, denn Mik konnte keiner von ihnen gut einschätzen.

Wenn er, einen Wutanfall bekam oder ihm gar langweilig wurde, unterschied er nicht immer zwischen Freund und Feind.

Es kam nicht selten vor, dass Mik sich auch an ihnen vergriff und eine Rauferei mit ihnen begann, die meistens so endete, dass einer von ihnen blutend in der Ecke lag.

Das geschah vor allem dann, wenn es nicht so lief, wie Mik es gerne gehabt hätte oder aber, wenn einer von ihnen widersprach.

Ganz schlimm wurde es, wenn einer von ihnen einen Alleingang gewagt hatte. Denn, nur einer hatte hier zu bestimmen und das war Mik! Er war der Boss und er hatte das Sagen. Er entschied, was wann gemacht wurde und wie.

An ihm war es zu entscheiden, wer dazugehörte und wer nicht. Auch sagte er, wer Freund oder Feind war.

Sowieso war sich Diro nicht sicher, ob Mik überhaupt wusste, was ein Freund war. Diro und Nuem hatten sich deshalb schon sehr gestritten.

Nuem war der Meinung, das Mik schon wusste, was Freundschaft bedeutete.

Er war sich sicher, dass er ihn als Freund ansah. Er würde ihm gewiss helfen, sollte er einmal Hilfe bei einer Streitigkeit benötigen oder bei sonstigen Schwierigkeiten.

So wie man das für Freunde so machte.

Diro aber war sich sicher, dass Mik auf gar keinen Fall helfen würde, weil er, so war Diros Meinung, nicht in der Lage war, Hilfe überhaupt zu buchstabieren.

Das gleiche galt für das Wort „Freundschaft" Diros Meinung nach.

Er war sich sicher, das Mik kaltblütig zusehen würde, während andere einen von ihnen verprügelten.

Außer natürlich, er wäre der Meinung, dass er eigentlich mit dem Angriff gemeint war.

Nuem war daraufhin so empört von dieser Meinung, dass zum ersten Mal seit langer Zeit zwischen ihnen so etwas wie Kälte entstand. Aber nach zwei Tagen des Schweigens war Nuem zu Diro gekommen und hatte das Schweigen beendet. Mit seinem letzten Geld hatte er Diro seine Lieblings-Limo gekauft.

Diro hatte die Geste verstanden!

Das Schweigen war gebrochen und ihre Freundschaft hatte keinen Schaden genommen.

Die Freundschaft zu Nuem war sowieso immer noch etwas ganz anderes, als seine Freundschaft zu den anderen Mitgliedern der Gang.

Nuem war einfach Nuem. Egal was für ein Tag gerade war oder wer ihm dumm gekommen war. Nuem blieb cool.

Diro sah zu Mik rüber und war sich wieder einmal nicht sicher, was er von ihm halten sollte. Abwartend sah er zu, wie sich die Situation mit Ido entwickelte.

Diro

Diro

Dabei kam Diro in den Sinn, wie oft er sich schon heimlich in letzter Zeit die Frage gestellt hatte, ob er, Diro, überhaupt Miks Freund war. Ob er ein Teil dieser Gang sein wollte, die nur Angst und Schrecken verbreitete.

War die Mischung aus Angst, Bewunderung und Verachtung, die er Mik gegenüber empfand, etwas, auf die eine gute Freundschaft aufgebaut sein sollte?!

Die ehrliche Antwort, darauf lautete, nein!

Diro wusste, wenn er ehrlich zu sich selbst war, dass dies, keine Basis für eine Freundschaft war.

Freundschaft, so wusste Diro genau, konnte für ihn nur da wachsen, wo Vertrauen herrschte und nicht die Luft von Gewalt geprägt war. Denn Gewalt war der Tod von Liebe und Freundschaft, das wusste auch Diro genau.

So war sein Verhältnis zu Mik auf keinen Fall ein freundschaftliches. Das gestand er sich in diesem Augenblick ein.

Was aber war es dann? Angst?

Nein, das war es auch nicht, konnte Diro ehrlich für sich beantworten. Nicht, das er gerne Schläge kassieren würde, aber er war mutig genug, um sie auszuhalten.

Was war es denn dann nur?

Die Aussicht ganz alleine zu sein?

Nein, das konnte es auch nicht sein,
denn Diro würde nicht alleine sein.
Nuem würde bei ihm bleiben. Oder
nicht?

Würde die Freundschaft stark genug sein, den Bruch mit Mik zu verkraften oder würde sie ab diesem Zeitpunkt beendet sein?

Diese Frage bereitete Diro Bauchschmerzen.

Es war vielleicht auch der Grund, warum Diro noch immer mit Mik abhing.

Diese Frage konnte er sich nicht selbst beantworten, aber er konnte sie doch auch nicht einfach aus einer Laune heraus Nuem stellen.

Nein, einfach so ging das seiner Meinung nach nicht.

Doch Diro wusste, dass die Zeit ablief, in der er sich vor dieser Frage drücken konnte.

In ihm stieg die Ahnung hoch, dass sie vielleicht gerade jetzt ablief.

Mik war nicht sein Freund!

Aber bei Nuem war es für ihn was ganz anders.

Er war sein Freund, sogar mehr als das!

Nuem war immer an seiner Seite, wenn es brenzlig wurde und sie gaben zusammen ein gutes Team ab. Auch hänselte er ihn nie, und bei Auseinandersetzungen, war Nuem bei weitem nicht so grausam wie Mik.

Er versuchte sogar, Mik immer zu bremsen und wurde zum Dank dafür beschimpft als Memme und Weichei.

Oft bekam er dann die Wut von Mik zu spüren, weil der sich auch noch bevormundet fühlte.

Und in seiner Wut konnte Mik zu einem um sich schlagenden Monster werden. Das wusste ja jeder! Einem Oktopus gleich, schienen sich dann seine Arme in Tentakeln zu verwandeln und trafen sein Opfer an Stellen, die man eigentlich für unerreichbar gehalten hatte.

Diro hatte bis heute keine Ahnung, wie Mik das machte. Auch wenn er noch so oft dabeistand und innerlich völlig entsetzt zusah.

Er versuchte einfach immer, wenn es um Nuem ging, die beiden dann zu trennen.

Das gelang ihm meist leider nur mit Mühe. Auch ging seine Einmischung nie ohne eigene Verletzungen ab.

Meist tropfte bei solchen Vorfällen Blut aus der Nase oder eines seiner Augen schwoll zu, wenn er es geschafft hatte, die Kampfhähne zu trennen.

Mit Tempos, ja, sogar manchmal mit Blättern der Bäume, versuchte er dann die Blutung zu stillen oder die Schwellung zu kühlen. Blutverschmiert machte er sich mit Nuem dann auf den Weg nach Hause. Der sah meist nicht besser aus als er selbst.

Nuem und Diro wohnten Tür an Tür, in einem der vielen Hochhäuser des Viertels.

Dort angekommen erzählten sie Nuems erschrockener Mutter meist die tollkühnsten Lügengeschichten, über die Entstehung der Verletzungen.

Nur um sie zu beruhigen.

Meist glaubte die ihnen auch noch zu ihrer eigenen Verwunderung.

Einmal hatte Diro zu Nuem gesagt, dass er einfach nicht verstehen konnte, warum Erwachsene bereit waren, all das zu glauben. Denn egal, wie erlogen die Geschichte war, klang sie gut, wurde sie hingenommen.

Eine gebrochene Nase zum Beispiel, von Diro vor einem halben Jahr, wurde abgetan, weil die Geschichte dazu glaubwürdig klang.

Blutige Lippen und blaue Flecken auf dem ganzen Rücken gingen locker als Skateunfall durch.

Ja sogar der gebrochene Arm im letzten Monat wurde ihnen abgekauft.

Nuem hatte gelacht und erwidert, dass es ja ihr Glück war, dass es so war, wie es war.

Doch Diro fand es trotzdem nicht in Ordnung. Doch er lächelte Nuem zu und beließ es dabei. Nuem dachte halt und war anders als alle, die er sonst so kannte, etwas besonders halt.

Sie verstanden sich blind.

Oft flüchtete Nuem zu Diro nachts, wenn sein betrunkener Vater wieder randalierte.

Nuem hatte vor Mik Angst, aber vor seinem Vater fürchtete er sich zu Tode.

Dieser war unberechenbar, wenn er zu viel getrunken hatte, und das war fast jeden Abend der Fall.

Diro mochte Nuems Vater nicht!

Nuems Mutter, die oft selbst blaue Flecken hatte, war dagegen eigentlich ganz nett. Sie lächelte immer, wenn sie ihm die Tür aufmachte, leider meist nur kurz.

Da sie immer zusammenzuckte, wenn Nuems Vater im Hintergrund motzte. Meist wollte er wissen, wer denn nun schon wieder an der Tür geklingelt hatte.

„Ich, nur ich!" sagte dann Diro meist für gewöhnlich und das Gemotze ebbte ab. Denn Nuems Vater mochte ihn irgendwie, warum auch immer.

Manchmal jedoch, wenn Nuems Vater besonders schlecht gelaunt war, hörte er noch ein gemurmeltes „Der Krutzen schon wieder!" und zu Nuems Mutter „Bring mir ein Bier!" Diro war immer wieder aufs Neue erstaunt, wie schnell sich Nuems Mutter dann in die Küche verabschiedete, um das Gewünschte zu holen. Hastig ließ sie ihn dann immer an der offenen Tür zurück, um das Gewünschte geschwind zu bringen.

Manchmal hörte man dann ein Klatschen und einen erstickten Laut aus dem Wohnzimmer kommen, in dem Nuems Mutter gerade verschwunden war. Diro konnte nicht begreifen, warum Nuems Mutter sich das gefallen ließ.

Seine Mutter würde das für seinen Vater nic tun. Sie würde lachen und rufen, hol es dir selbst, du fauler Strick und sein Vater würde lachend antworten, nie kriegt man was für sein Geld. Mutter würde dann wohl an ihm vorbeihuschen und ihn leicht an dem ihm noch verbliebenem Haar ziepen.

Vater würde...

Diro grinste in sich hinein. Ja, es war gut bei ihnen zu Hause. Seine Eltern hatten aus Liebe geheiratet und liebten sich immer noch. Diro konnte es immer dann besonders gut sehen, wenn sie zusammen ins Kino gingen.

Die beiden liefen dann vor ihm händchenhaltend her und tuschelten aufgeregt. Sein Vater kniff seiner Mutter dann immer in den Po und die schlug lachend nach ihm und nannte ihn einen Frechdachs.

Diro musste schmunzeln. Ihm wurde immer warm ums Herz, wenn er so etwas sah, und war so froh, auch, wenn es ihm unendlich peinlich war. In solchen Augenblicken, tat Nuem ihm mehr als leid, der so etwas wohl kaum kannte und in den letzten Jahren eher kein Kino von innen gesehen hatte.

Liebe war wohl nicht gerade die Stärke von Nuems Vaters. Auch in der Schule musste der wohl nicht der Überflieger gewesen sein, denn er hatte laut Nuem die Schule geschmissen und keinen Abschluss.

So kam es, dass er nehmen musste, was er an Arbeit kriegen konnte. Sein Job, als ungelernter Handlanger vom Dienst, war wohl einer der Gründe seiner zahlreichen, heftigen Gewaltausbrüche im Alkoholrausch. Nuems Vater hasste seine Arbeit, so glaubte zumindest Nuem, und ließ die Wut darüber an seiner Familie aus.

Nuem machte so ziemlich das Gleiche, nur ohne Alkohol. Er ließ deshalb seinen Frust an denen aus, die Mik dazu auserkoren hatte. Vielleicht, weil er daheim die Wut seines Vaters zu spüren bekam und er sich dabei so klein und unwichtig fühlte. Aber selbst in seinem größten Frust kannte Nuem Grenzen, die er nicht überschritt. Wenn einer auf dem Boden lag war Schluss. Sehr zum Ärger von Mik. Zu Diro war Nuem immer nett und er ließ ihn nie im Stich. Einen besseren Freund konnte Diro sich eigentlich nicht denken.

In seinem ehemaligen Heimatdorf hatte er auch Freunde, aber keiner war so wie Nuem. Meistens saßen sie zusammen irgendwelche Strafen in der Schule ab, weil die Lehrer einfach nicht klären konnten, wer es denn von den beiden, nun gewesen war.

Diro hatte dann immer das Gefühl, dass Nuem, ihm sogar näher war, als ein Bruder. Da weder er, noch Nuem, Geschwister hatten, traf sich das ausgesprochen gut. Er hatte sich oft allein gefühlt innerhalb seiner Familie. Nicht, dass seine Eltern nicht alles für ihn tun würden oder sie ihn nicht lieben würden. Nein, das konnte man nicht behaupten. Aber er hatte halt keinen, mit dem er raufen oder spielen konnte.

Er war immer allein auf sich gestellt oder musste seine schwer arbeitenden Eltern anbetteln, dass sie sich mit ihm hinsetzten und spielten. Selbst da, als sie noch im Dorf Hina wohnten, war das so. Doch wenn sie es taten, waren es meist Tischspiele, wie Siedler, Schach oder Uno. Aber er brachte sie nie dazu, wirklich coole Sachen mit ihm zu spielen, wie Star Wars zum Beispiel.

Mit einem Laserschwert durch die Wohnung zu hüpfen, fand sein Vater einfach unter seiner Würde vor allem, nachdem Diros Mutter sich kaum einkriegte vor Lachen, als sie sie beim ersten und letzten Mal dabei erblickte. Diro erinnerte sich daran, wie sich seine Mutter damals am Türrahmen festhalten musste, um nicht vor Lachen umzufallen. Danach war sein Vater nie mehr bereit gewesen, über seinen Schatten zu springen und sich noch einmal dem Gelächter seiner Frau auszusetzen.

Nicht einmal auf das flehentlichste Bitten hin. Auch war er schon gar nicht dazu bereit, sich in das Darth Vader Kostüm zu quetschen, das ihm Diro in vollster Aufopferung seiner eigenen Wünsche entgegengehalten hatte.

Sein Vater hatte nur lächelnd abgewunken. Nuem hingegen war hingerissen von dem Kostüm und sie hatten stundenlang die Schlachten auf dem Planeten von Amidala nachgespielt. Das konnte man halt nur mit seinesgleichen, Erwachsene hatten da keinen Sinn dafür.

Wenn sich Diro einen Bruder gewünscht hätte, hätte er, so wie Nuem sein sollen. Doch seine Mutter war der Meinung, dass zwei Männer im Haus vollkommen reichen würden. Und sie wollte keine weiteren Kinder mehr.

Sehr zum Bedauern von Diros Vater. Deshalb war Diro sehr froh, dass es Nuem gab. Mit ihm konnte man einfach alles spielen und er war zu jeder Schandtat bereit. Er war ein super Kletterer und Springer, kein Baum war ihm zu hoch und kein Spalt zu eng. Alles wurde ausgekundschaftet und entdeckt. Ja, Nuem war ein echter Glücksfall für Diro.

Ule, der Dieb

Auch zu Ule hegte Diro ein freundschaftliches Verhältnis, doch es war bei weitem, nicht so eng, wie zu Nuem. Seine Art, war nicht immer das, was Diro zu schätzen wusste. Er war sehr eingebildet und egoistisch. Ule, war der Kleinste, in der Bande und wohnte nicht, wie die anderen, im selben Block.

Seine Eltern hatten ein Haus, in einer der nobleren Seitenstraßen. Was Diro an ihm mochte, waren seine flotten, treffsichern Sprüche, mit denen er Mik manchmal bis zur Weißglut reizte. Oft schon, war Ule, das Opfer seiner losen Zunge geworden und hatte mit blauen Flecken, für seine Frechheiten bezahlt. Aber lassen konnte er es trotzdem nicht. Doch wenn es um das Teilen von mitgebrachten Lebensmitteln oder dem Spendieren von Eis ging, war Ule geizig, bis zum Anschlag.

Außer ein anderer zahlte! Dann aber nahm er gerne reichlich. Er war ein Teil der Bande schon lange, bevor es Diro war. Er und Nuem waren von Anfang an in der Schule Miks Schatten.

Ule war es, vor allem, weil er bei Mik, das machen konnte, worin er am besten war. Im beschaffen von Gütern, wie Schokolade, Kaugummi usw. Ja, Ule konnte alles besorgen, was man wollte. Seine flinken Hände waren sein Kapital. Nichts war vor ihm sicher und wenn etwas herumlag, war es tausendprozentig weg, wenn Ule davonschlenderte.

Ule der Dieb! Ja, das war er und auch noch stolz darauf! Seine flinken Hände pflegte er mit allerlei Mittelchen, von denen er überzeugt war, dass sie sie noch geschmeidiger machen würden.

Ule war genauso alt wie Diro aber er war um einen ganzen Kopf kleiner. Bestimmt würde er noch wachsen und vielleicht Diro noch in seiner Größe überholen, aber im Moment war Ule klein und jeder ließ ihn das spüren. Vor allem Mik der es liebte, Ule vor allen damit aufzuziehen.

Oft nannte er ihn Winzling oder auch den Zwerg. Manchmal machte er seinen Gang sogar nach.

Denn Ule lief immer trippelnd schnell, weil er so kurze Beine hatte.

Das Stehlen und Ules unbeschreibliches Talent darin, hatte Mik ein wenig davon abgebracht. Diro aber wollte mit dem Stehlen von Ule nichts zu tun haben. Immer wieder brachte er Ule dazu, die Dinge zurückzugeben.

Oft tat Ule es nur, weil er Diro so gern mochte. Denn Diro hatte sich noch nie an den Hänseleien in Ules Richtung beteiligt oder ihn spüren lassen, dass er anders war als er selbst. Er fand es nicht schlimm, dass Ule so klein war, sondern sah auch die Vorteile darin.

Ule konnte sich wie kein anderer unsichtbar machen, er passte einfach in jedes Versteck. Nuem und Diro hatten das leidvoll erfahren müssen, nachdem sie Ule verzweifelt bei einem Versteckspiel gesucht hatten. Der hatte sich nämlich in einer Kiste versteckt und keiner der Beiden wäre darauf gekommen, ihn dort drinnen zu suchen.

Die Kiste, in der vorher ein Fernseher dringesteckt haben musste, war ihnen einfach zu klein erschienen. Nur Ules Lachen hatte ihn dann verraten. Auch bei seinen Diebereien war seine geringe Größe von Vorteil, denn dadurch übersah man ihn leicht.

Die Kaufhaustouren, die Ule immer in Begleitung von Mik und Nuem unternahm, waren fast schon zur Gewohnheit geworden und brachten, in Miks Augen nicht mehr die gewünschten Dinge ein. Die Zeiten, da Ule nur Kaugummi und Süßes stehlen sollte, waren, so Miks Meinung, nun vorbei. Sie seien ja nun keine zwei Jahre mehr alt, deshalb waren Kaugummi und Co. auch out. Nun standen da doch eindeutig andere Wunschartikel auf Miks Wunschliste, so hatte es Mik vor einiger Zeit ausgedrückt.

Er wollte, dass Ule sein Talent ausbaue, so sagte er, um es dann für seine neuen Zwecke zu nutzen. Ule solle üben, wie man größere Dinge fortschaffte, wie zum Beispiel, CD-Player, Laptops oder gar eine Playstation. Auch Autoknacken stand auf Miks Wunschliste.

Erst letztens hatten Diro und Mik deshalb eine handfeste Auseinandersetzung gehabt, bei der sich Diro den Daumen gebrochen hatte.

Sein Daumen war einem Schlag mit dem Baseballschläger unterlegen gewesen.

Ein Phänomen, der Physik sozusagen, in der Geschwindigkeit und Masse auf einen unnachgiebigen Körper trafen. Der Arzt hatte nach dem Röntgen lange mit seiner Mutter gesprochen.

Zu Hause hatte seine Mutter ihn dann ausgequetscht und in die Mangel genommen, weil ihr der Arzt gesagt hatte, dass nur ein Schlag diesen Daumen habe so brechen lassen können. Wie es denn zu Hause mit der Erziehung stehe und ob seine Mutter Hilfe bräuchte oder in der Schule etwas nicht in Ordnung wäre, wollte der von ihr wissen.

Diros Mutter war alles andere als erfreut darüber von einem Arzt solche Dinge gefragt zu werden.

Sie war sogar über die Maße entsetzt darüber gewesen und sehr zornig geworden. Der Arzt aber hatte sie darauf hingewiesen, dass es seine Pflicht sei, bei solchen Dingen nachzufragen. Auch müsse er intensiv alles hinterfragen, was die Eltern sagen, um den Kindern einen gewissen Schutz zu bieten.

Diro war nichts anderes übriggeblieben, als zu lügen, dass sich die Balken bogen. Er erfand einen Jungen, den er angeblich nicht kannte. Der habe mit ihm Streit angefangen und einfach so mit einer Prügelei begonnen.

Der fremde Junge habe mit einem Stock auf ihn eingeschlagen und dabei seinen Daumen erwischt. Da wäre

Nuem gekommen und der hätte den fremden Jungen vertrieben. Seine Mutter hatte ihn skeptisch beäugt, dann aber die Sache auf sich beruhen lassen. Ganz gelogen war das ja eh nicht, nur dass er Miks Namen durch einen fremden Jungen ersetzt hatte.

Mik!

Diro war in diesem Augenblick voller Zorn. Mik! Er sollte Ule in Ruhe lassen mit seinem dummen Gaunergetue und sich selbst doch mal in Gefahr begeben. Anstatt dessen beobachtete er es immer, weit entfernt, auf sicherem Posten. Nur

Ule würde erwischt werden, Mik dagegen wäre aus dem Schneider. Ule würde alles tun, um Mik zu gefallen, das wusste Diro und er konnte ihn nicht davon abhalten. Mik!

Sein Zorn kochte leise vom Magen her die Kehle hoch.

Immer Mik!

Doch er wusste, allein gegen ihn hatte er keine Chance. Das war ihm nach dem gebrochenen Daumen auf alle Fälle klargeworden.

Aber was tun, war die Frage, die sich Diro immer wieder aufs Neue stellte in letzter Zeit. Denn Diro war nur wegen Nuem ein Teil der Gang. Was tun, schoss es Diro gerade jetzt wieder durch den Kopf, als er Mik dastehen sah, mit seinem offenstehenden Mund. Diro sah in diesem Moment, wie erstaunt und überrascht Mik von Ido war.

Der starke Mik, zu Boden geworfen von jemandem, den Diro und Mik für einen Feigling gehalten hatten. Ausgerechnet Ido, der immer so still war und sich so geschickt aus dem Staub machen konnte. Er war es nun, der sich dem großen Mik in den Weg stellte. Und er hatte gedacht, Ido sei ein Weichei!

Ganz allein, ohne Hilfe, hatte Ido etwas gewagt, woran sich Diro nicht ran getraut hatte. Diro kam sich nun selbst wie ein Feigling vor.

Jetzt, dachte er bei sich, jetzt oder nie, war die Zeit, die Notbremse zu ziehen. Nun zeigte ihm Ido einen Weg raus aus der Gang. Jetzt galt es sich zu entscheiden! Weiter mit Mik zu gehen und alles so weiterzumachen wie bisher oder mutig zu sein und den richtigen Schritt zu wagen. Auch wenn, es sein konnte, dass er ihn mit vielen Auseinandersetzungen, Leid und Schmerz erkaufte.

Eigentlich wollte er noch nie so sein, wie Mik es von ihm erwartete. Auch hatte er keine Wut auf andere. Nur Nuem war der Grund, warum er in dieser Gang war.

Denn er hatte ihn an seinem ersten Schultag in der neuen Schule Mik vorgestellt. Damals kannte Diro Mik noch nicht und ging einfach mit Nuem mit. Als er merkte, was für einer Mik war, war es schon zu spät, um auszusteigen. Doch nun bot sich eine Chance, seinen Fehler von damals zu verändern! Einen Augenblick noch zögerte Diro ! Er sah zu Ido hin und machte einen Schritt auf ihn zu und dann einen zweiten und dann liefen, ja flogen seine Füße zu Ido hin. Mik lächelte siegessicher, denn er dachte, Diro eile ihm zu Hilfe. Doch Diro stellte sich genau hinter Ido, verschränkte die Arme und tat nichts.

Diros Seitenwechsel

Mik starrte nicht mehr Ido, sondern nun Diro an. Sein Gesicht wurde zu Stein! Doch Diro ließ sich nicht beeindrucken.

Er hatte sich entschieden! Spät, doch nicht zu spät! Nun hatte er die Seiten gewechselt und dabei würde es bleiben, denn er wollte nicht werden wie Mik.

Der ekelte ihn nun regelrecht an. Seine Gewalttätigkeit hatte ihn immer schon gestört, nun aber war sie zu etwas Inakzeptablem geworden.

Diro spürte wie eine Last von ihm abfiel. Innerlich hatte er immer gewusst, dass er in Punkto Mik Mist baute. Seine Mutter wäre entsetzt gewesen, ihn bei all den Gemeinheiten zu sehen. Er wollte nicht länger ein Schwein sein. Eigentlich hatte er das nie gewollt. Wie er kleiner war, hatte er immer ein Indianer sein wollen, der für Gerechtigkeit sorgte.

Diro schüttelte über sich selbst den Kopf. Was nur war in ihn gefahren, dass er diesen Traum so verraten hatte. Er würde sich entschuldigen müssen bei so vielen.

Das würde echt schwer werden, aber was sein muss, musste sein. Er wollte neu anfangen und dazu musste man erst einmal hinter sich aufräumen. Morgen auf dem Schulhof würde er damit anfangen.

Ein bisschen Schiss hatte er schon davor. Doch er wollte nie mehr in

Angstaugen ~~zu~~ blicken. Zwar wusste er, dass sich diese Dinge nicht von heut auf morgen ändern würden, auch nicht nach einer Entschuldigung, aber irgendwann würde man es auch vielleicht vergessen und vergeben können.

Er wollte zu den Guten gehören!

Das stand für ihn fest! Doch wollte das Nuem auch?

Angst kroch in Diro erneut hoch. Diro sah zu Nuem hin. Wie würde sich sein Freund entscheiden?

Die Angst schwappte in ihm hoch. Jetzt war der Augenblick, an dem er seinen besten Freund verlieren könnte.

Mit jeder Sekunde wurde die Angst vor dem Verlust größer, denn Nuem bedeutete ihm was, und der stand noch immer an Miks Seite. Ihn wollte er nicht verlieren! Er dachte an die vielen Stunden, die Nuem und er ohne Mik verbracht hatten.

Wieviel Spaß hatten sie gehabt, beim Kirschkernweitspucken, beim Kaulquappen fangen und beim Bäume erklettern?

Einmal, hatte er sich zu hoch in den Baum, hinaufgewagt und war oben auf einem Ast fehlgetreten und abgerutscht.

Somit baumelten seine Füße in der Luft und er hing an dem zu dünnen Ast, wie ein nasser Sack. Diro sah sich schon fallen, als Nuems Hand, ihn zu sich zog.

Nuem war trotz der beträchtlichen Gefahr für ihn selbst auf einen morschen Ast gestiegen, der auf der gleichen Höhe lag und hatte ihn gerettet. Würde er ihn nun hängen lassen?!

Nucm sah zu Diro hin. Er war einen Augenblick lang wie vor den Kopf gestoßen Auch er hatte Angst!

Warum stellte Diro sich auf Idos Seite? Wollte er mit ihnen allen, nichts mehr zu tun haben? Auch mit ihm nicht? Wollte er die Freundschaft zu ihm beenden? Ging er ihm auf die Nerven?

Sie beide standen da und schauten sich an. In Nuems Kopf wirbelten die Gedanken und Fragen durcheinander. Sah er in ihm einen neuen Chef? Ging er einfach immer zu dem Stärkeren und schloss sich denen dann an?

Nein, die Erkenntnis durchzuckte Nuems Gehirn. Diro war nicht so, er war sein Freund und Bruder. Sein

Beschützer vor dem schlagenden, immer betrunkenen Vater.

Sein Schutzwall gegenüber der grausamen Wirklichkeit, in der sich Nuem jeden Tag wiederfand.

Wenn er Mik verlassen würde, so würde er mit ihm gehen, wenn er ihn haben wollte. Wollte er ihn haben? Er jedenfalls würde seinen Freund nicht hängen lassen!

Da lächelte er vorsichtig zu Diro hin und langsam, aber unaufhaltsam, ging er auf ihn zu. Diros freudenstrahlender Blick, machte ihm Mut. Er wollte da sein, wo Diro war und wenn er sich dafür gegen Mik stellen musste, so war das halt so!

Das stellte Nuem für sich erstaunt fest. Zusammen würden sie es schon irgendwie schaffen, Mik standzuhalten.

Denn zusammen waren sie stark genug, dachte Nuem bei sich.

Und wenn nicht, dann würden sie halt zusammen untergehen. Diro legte den Arm um Nuems Schulter. Die beiden lächelten sich an. Ja, sie waren Freunde!

Nur Ule blieb wo er war!

Es schien, als wollte er Mik nicht im Stich lassen. Warum wusste er wohl selbst nicht so genau. Doch Diro war klar, dass Ule nur bei Mik, dem König der Diebe, sein konnte, und deshalb nicht mit ihnen kam.

Ule war genauso wenig Miks Freund, wie Diro und Nuem es jemals gewesen waren. Aber Ule, würde ihm fehlen, glaubte Diro und es machte ihn ein klein wenig traurig.

Von nun an würden sie nicht mehr auf der gleichen Seite stehen.

Da sah Ule Diro an. Unsicherheit konnte Diro da in seinem Blick erkennen und Trauer, aber Ule blieb stehen und kam nicht zu ihnen. Diro hätte ihm gern gesagt, dass sie ja keine Feinde sein müssten, aber es war lächerlich so etwas zu sagen, denn seine Entscheidung hatte sie dazu gemacht.

Auch Ule schien es sehr zu bedauern. Aber er machte keinen Schritt in Diros Richtung, sondern blieb wo er war, an Miks Seite.

Diro schaute von Ule weg. Sie waren keine Freunde mehr!

Eine Träne verfing sich in seinem Augenwickel. Dann aber sah Diro unsicher auf Idos Rücken. Was würde nun werden, dachte er. Doch der Schritt war getan und es gab kein zurück.

Ido sah Mik an und Mik ....

Mik drehte sich um und ging. Er ging! Ido und die Anderen, schauten verblüfft auf Miks Rücken. Sollte es so einfach gewesen sein? Hatte er wirklich den starken Mik besiegt? Den Chef des Viertels, vor dem alle Angst hatten und sich duckten. Der auf dem Schulhof der Schrecken der Schrecken war und an den sich noch nicht einmal die Großen dran trauten?

War es wirklich so einfach?

Ido konnte das nicht glauben.

Mik würde sich doch nicht so schnell geschlagen geben, auch wenn er die Hälfte seiner Bande verloren hatte. Er würde doch nicht so einfach, das Feld räumen und ihn als Sieger zurücklassen. Das wäre ja ...?!

Ido blickte erstaunt und voller Skepsis auf Mik.

Mik ging!

Stoppte, drehte sich um und rannte mit der zunehmenden Geschwindigkeit eines ICEs auf Ido zu.

 Er wurde schneller und schneller! Seine Beine schienen zu fliegen und kaum mehr den Boden zu berühren.

Ido, spannte seinen Körper an und erwartete Mik. Wie in Zeitlupe sah er ihn näher und näher kommen.

Er konnte winzige Details wahrnehmen. Miks geballte Faust, die sich öffnete und schloss, während er auf ihn zu rannte, sein pumpendes Atemholen, sein vor Wut verzerrtes Gesicht und seine Augen, die starr auf ihn gerichtet waren.

Doch Ido wich nicht.

Da bremste Mik ab, als hätte er die Notbremse gezogen und blieb

Millimeter vor Ido stehen. Seine Nasenspitze berührte fast die von Ido. Nun standen sie sich Auge in Auge gegenüber.

Mik zischte: „Ich will dir nur sagen, dass es noch nicht vorüber ist, es ist erst der Anfang, Ido, der Anfang!! Ab jetzt wäre ich vorsichtig! Ganz vorsichtig!"

„Warum sollte dieser junge Mann, sich vor dir, in Acht nehmen?", hörten die Beiden da, eine dunkle Stimme sagen.

Die Stimme schien wie aus dem nichts zu kommen denn die Beiden hatten ihre Umwelt regelrecht ausgeblendet.

„Das klingt doch sehr wie eine Drohung und ich hoffe doch, dass ich mich da täusche!"

Miks Vater

Mik sah auf und neben ihm stand ein Mann in Uniform. Es kam allen vor, als wäre er aus dem Nichts aufgetaucht, plötzlich war er einfach da gewesen. Groß, erschien er ihnen allen und durchtrainiert.

Seine Armmuskeln zeichneten sich unter der Uniform ab und ließen erahnen wie der Rest vom Körper wohl aussehen musste. Ein Muskelpaket auf zwei Beinen war wohl die Bezeichnung, die diesem Mann viele gegeben hätten und keiner davon hätte sich freiwillig mit ihm angelegt.

Die Haare waren kurz geschoren und von dunklem braun. Zumindest das, was man davon unter dem

Barett sehen konnte. Das Gesicht war von einer gewaltigen Nase dominiert und tief gebräunt. Sein Mund war zu einer schmalen Linie verzogen und deutete auf akute Ungehaltenheit hin.

Der unterdrückte Zorn, den er ausstrahlte, ließ jeden einen Schritt nach hinten machen, außer Ido.

Die Orden und Abzeichen auf seiner Uniform waren zahlreich und doch unbekannt für den Laien.

Doch man konnte selbst dann erkennen, dass dieser Mann etwas geleistet hatte. Eben dieser Mann blickte Mik an.

Nein, als anblicken war das nicht mehr zu bezeichnen. Er maß ihn, von oben bis unten und man hatte das Gefühl, das er auch jede

Kleinigkeit bemerkte, die an diesem Mik unkorrekt war.

Dann sah er auf die Grasflecke, die an den Knien waren, die Schweißränder am T-Shirt, den einzelnen kleinen Grashalm, auf Miks Haar, der wohl nur ein Zentimeter lang war und eigentlich keinem bis dahin aufgefallen war.

Auch die Röte sah er in Miks Gesicht langsam weichen und die ersten Angstperlen, die dann kamen, die sah er auch. Ja, unter diesem Blick hätte ein Riese Angst bekommen und seine Beine in die Hand genommen.

Unter genau diesem Blick zuckte Mik nun zusammen. Es erschien, den Anderen, als würde Mik, in sich zusammenschrumpfen und immer kleiner werden. Keine Spur mehr, von dem großartigen Mik, dem Schrecken der Schrecken und dem Chef des Viertels.

Wer immer dieser Soldat war, es wurde jedem klar, der nun Zeuge dieses Augenblickes war, dass es sich um jemanden handelte den Mik kannte.

Und vor dem sich Mik bis ins Mark fürchtete.

Die Angstschweißperlen, wurden von Minute zu Minute größer. Der Soldat, sah zu ihm herab und kniff die Augenbrauen zusammen. Sein Blick wurde noch eine Spur eisiger.

Wenn es überhaupt möglich war, so schrumpfte Mik noch mehr, in sich zusammen. Mik zog das Genick ein und begann zu stottern: „Nein, Sir, es war bestimmt keine Drohung, Sir. Wir spielen doch nur!"

Das war nun eine faustgroße Lüge!

Doch die, konnte jeder der Anwesenden gut verstehen. Denn in solch einer Lage hätte dies wohl jeder gesagt. Auch wenn sie nie geglaubt hätten, dass sie jemals Mik in einer solchen Notlage sehen würden.

Ja, fast konnte er einem von Herzen leidtun! Nuem tat er leid. Auch Diro empfand verwundert Mitleid, mit seinem einstigen großspurigen Chef.

Hektisch blickt Mik dabei hin und her und fuhr sich, immer wieder mit der Zunge über die Lippen. Als seien die spröde und trocken, wie nach einem langen Wüstenmarsch.

Seine Angst konnte man regelrecht riechen.

Alle waren stumm vor Staunen. Wie anders wirkte nun der stadtbekannte schreckliche Mik. Wie klein und kläglich.

Der Soldat blickte Mik an und seine Augen verdunkelten sich.

Er wirkte nun noch beängstigender als zuvor, falls das, überhaupt noch möglich war.

„Ich mag es nicht leiden, wenn jemand lügt!", gab er dem verängstigten Mik zu verstehen „und noch weniger mag ich es, wenn es mein eigener Sohn ist, der lügt!"

Die Anderen sahen sich an.

Sein Vater?!

Das war der Vater des schrecklichen Mik? Voller Erstaunen verfolgten sie die sich vor ihnen abspielende Szene zwischen Vater und Sohn.

Mik schien nun wie erstarrt vor Angst. Er wollte reden, aber kein Ton war zu hören.

Da mischte sich Ido ein.

„Sir", sagte er zu dem Soldaten, als ob er keinerlei Furcht verspüre; "Mik und ich hatten einen kleinen Streit, es ist nichts Schlimmes. Sie kennen doch Jungs, Sir, immer müssen sie raufen. Mik lügt nicht, es war nur ein Spiel."

Mutig lächelte er den wutentbrannten Mann an.

Miks Vater sah Ido an. Er wusste Mut und Courage zu schätzen. So etwas wie Respekt schlich sich in seine Augen. Doch vor allem imponierten ihm der Schneid und die Loyalität dieses Jungen.

Ja, das war wohl ein ganzer Kerl. Seine Wut verrauchte.

Zu Ido gewandt meinte er: „Gut Junge, wenn du das sagst, so will ich mich nicht weiter einmischen."

Er blickte kurz zu seinem Sohn. „Mik, dass mir keine Klagen kommen!" Er tippte kurz an seine Mütze und marschierte davon.

Mik sah ihm hinterher, die Angstperlen trockneten, oh nein, der Vater war wieder da. Oh, nein warum schon heute?

Er sollte doch noch eine Weile in Kundus sein und dort für Ruhe und Frieden sorgen. Dort, wo er sich, als Offizier der Armee beweisen konnte und hoffentlich auch für immer dortblieb.

In Afghanistan, wo seine Befehle sofort ausgeführt wurden und er für hunderte von Menschenleben verantwortlich war. Leider war dies nur ein frommer Wunsch geblieben, wie Mik es nun gerade sehen konnte.

Zu seinem großen Unglück, war er wieder da! Nachher würde es zu Hause wieder unter seiner Aufsicht, eines jener Abendessen geben, die denen in der Hölle bestimmt in nichts nachstanden.

Der Vater würde wieder einmal das ganze Essen hindurch ihn mit seinen prüfenden, strengen Blicken verfolgen und ihm keinerlei Fehlverhalten durchgehen lassen.

Kein Gehampel und kein Gemaule, kein Schmatzen und Schlürfen. Die Gabel musste immer genau links vom Teller, abgelegt werden und das Messer durfte auf keinen Fall auf dem Teller Kratzgeräusche machen.

Wenn er etwas Falsch machte, stellte der Vater sofort eine Strafe in Aussicht und diese wurde nach dem zweiten Fehlverhalten auch sofort ausgeführt.

Zwischen einer Stunde im dunklen Keller sitzen bis hin zu einer Woche Playstadionverbot, war alles in seinem Strafkatalog enthalten.

Für ganz schlimme Vergehen gab es auch mal Prügel. Der dunkle Keller machte Mik am meisten zu schaffen.

Er war kalt und feucht und ziemlich ungepflegt und überall gab es

Spinnen, von der Größe einer Maus. Mik hasste Spinnen, vor denen er panische Angst hatte.

Mik krabbelte das Grauen vor dem bevorstehenden Abend die Arme hinauf, als ob schon jetzt eine dieser Riesenspinnen auf ihm herumturnte und ließ ihn erschauern.

Doch dann drehte er sich zu Ido um. Der sah den Schlag kommen und duckte sich. Dabei drehte er sich leicht zur Seite und schnappte zu, in dem Moment, da der Arm in seine Richtung flog.

Mit einer schnellen Bewegung brachte er Mik aus dem Gleichgewicht und verdrehte ihm gleichzeitig den Arm nach hinten.

Mik lag buchstäblich von einem Moment auf den anderen, schon

wieder auf der Schnauze und küsste
erneut den Boden.

Doch durch den zusätzlich
verdrehten Arm, keuchte er vor
Schmerz auf.

Idos Vorschlag

Ido hielt ihn fest, auf den Boden gedrückt. Doch auch er wusste, dass er ihn nicht lange so halten konnte. Mik war körperlich Ido haushoch überlegen und nur der Schock über den Schmerz und die ungewohnte Situation, ließen es zu, dass sich die Kräfte zu Idos Gunsten verschoben.

Ja, nun war er der mächtige und er merkte, dass ihm, diese Position gar nicht gefiel.

Es fühlte sich nicht gut an, Mik zu erniedrigen.

Im Gegenteil, es fühlte sich ganz falsch an. Leicht schüttelte Ido den Kopf über sich selbst. Jeder andere hätte sich vermutlich toll gefühlt und sich gnadenlos an Mik, gerächt. Aber er wollte das nicht.

Deshalb beugte er sich näher an Miks Ohr und flüsterte ihm zu: „Mik, ich kann das noch ewig machen. Soll es so weitergehen? Gibt es keinen Weg, mit dem hier aufzuhören? Einen Weg, für alle ein wenig besser miteinander klarzukommen?!"

„Nein!!" brüllte Mik. „Niemals werde ich mich dir unterordnen und nach deiner Pfeife tanzen!"

Ido schüttelte den Kopf: „Wie kommst du denn darauf, dass ich das will?" fragte er den Unterlegenen.

Da sah Mik verblüfft, so gut es ging, zu Ido hoch.

Was bei seiner, im Moment eingenommenen Körperlage, ein schwieriges Unterfangen war. Doch er wollte unbedingt sehen, ob Ido das wirklich ernst meinte.

War da eine Spur Häme zu sehen, in dessen Gesicht oder? Mik konnte es kaum glauben, oder war das wirklich Idos Ernst?!

„Willst du das nicht?" wollte er verdutzt wissen. „Nein!", erwiderte Ido. „Ich will eigentlich nur, dass du alle in Ruhe lässt!"

Mik, der so etwas überhaupt nicht verstehen konnte, lag weiter im Dreck. Fassungslos sah er zu Ido auf und konnte Ido überhaupt nicht mehr begreifen.

Die kochende Wärme, des durch die Sonne, aufgeheizten Bodens, kroch ihm langsam seine Arme entlang, aber er schien es nicht zu bemerken. „Du willst nicht?!" lachte er verwirrt auf. Ido ließ Mik los und stellte sich ein wenig mit Abstand zu ihm hin. Mik rappelte sich auf. Er klopfte sich die Grashalme von der Hose und schaute dann zu Ido hin. In seinem Kopf schwirrten die Gedanken.

Wie konnte das sein? Wie konnte man so sein? Immer wieder die gleichen Fragen.

„Warum?", die Frage rutschte Mik wie aus Versehen heraus und zeigte deutlich, wie verwirrt und verstört er war.

Ido zögerte und sagte dann: „Mik, ich bin nicht wie du. Ich will nicht der Chef sein, ich will nur Ido sein." Nun verstand Mik die Welt nicht mehr und fühlte sich, als ob er in seinem eigenen Alptraum stehen würde.

Er, Mik, der Chef des Viertels, stand vor Ido, dem Weichei und er kam sich wie ein Kleinkind vor, unsicher und hilflos. Denn er konnte mit keinem Hühnerauge verstehen, warum Ido ihm nicht seinen Platz streitig machen wollte. Der hatte ihn doch besiegt!

Warum wollte der ihn nicht demütigen und seinen Zorn an ihm auslassen. Einen Augenblick lang tauchte Mik in seine Gedanken ab. Ido!

Wer hätte das gedacht, dass ausgerechnet der, ihm solche Scherereien machen würde. Ido, den er mehr als einmal geprügelt und gedemütigt hatte und der in seinen

Augen, immer eine Schwachmade gewesen war. Doch jetzt, hatte er das Gegenteil bewiesen. Nun zeigte sich der wahre Ido, der sich so sehr von ihm unterschied.

Er wollte zum Beispiel, bestimmen und andere rumkommandieren. Alle sollten sie nach seiner Pfeife tanzen. Fürchten sollten sie sich vor ihm! Und ja nicht, auf dumme Ideen kommen, wie z.B. darauf, dass der große Mik, nachts, sich in den Schlaf weinte.

Dass er vor seinem Vater, so große Angst hatte, dass er es nicht lange aushielt, mit ihm in einem Raum zu sein. Der Vater!

Panik erfasste ihn unverhofft. Mik schluckte die aufkommende Angst hinunter. Seine Gedanken kehrten zu Ido zurück. Ido jedoch wollte Frieden für das Viertel, mehr nicht. In Miks Kopf ging das einfach nicht hinein.

Das einer so sein konnte. Langsam tauchte er wieder aus seinem Gedankenspiel auf. Sein Blick fiel auf das abwartende Gesicht von Ido und er sah ein, dass er etwas tun musste. Einfach so dastehen und sich gegenseitig anstarren oder in Gedanken versinken, das brachte es ja nicht auf Dauer. Es sollte, ja keiner, auf die Idee kommen, dass der große Mik nicht weiterwüsste. Grimmig schaute er Ido an und sagte:" Und was jetzt? Was willst du?"

„Das sagte ich doch"; entgegnete Ido, „ich will, dass ich ohne Probleme mit dir leben kann. Ohne ständig mich mit dir prügeln zu müssen. "Dann fügte er noch hinzu: „Weißt du, du könntest doch einfach mal nett sein!"

Mik lachte, schallend los, er sollte nett sein, er.... !? „Oh Mann", keuchte er „du bist vielleicht ein Komiker!" „Wie geht das denn? Nett sein, ich glaub, ich kann das nicht mal buchstabieren." stöhnte er unter lachen. „Oh", entgegnete Ido gelassen, „ich kann es dir beibringen, wenn du willst. Eigentlich ist es kein Hexenwerk, aber es braucht Mut und ob du den hast, wage ich ja zu bezweifeln."

Mik schnaubte wütend: „Wie kannst du es dir nur erlauben, so mit mir zu reden, du Würstchen, ich und keinen Mut, pah!", schrie er Ido ins Gesicht. Obwohl er sich alles andere als mutig fühlte. Doch das sollte ja keiner merken und es merkte auch keiner. Das Gebrüll eines Löwen wäre nicht um vieles leiser gewesen.

„Ja, den Mut zu brüllen und zu schlagen, den hast du! Doch ob du die Art von Mut aufbringen kannst, den man zum nett sein braucht, glaube ich nicht, großer Mik. Kein Einschüchtern und Draufhauen, sondern aushalten und Kompromissbereitschaft ist da gefragt. Die Art von Mut, nicht gleich zuzuschlagen, hast du doch nicht!", kommentierte Ido, das Gebrüll.

„Wie kommst du, kleiner Windbeutel, darauf, wissen zu wollen, welche Art von Mut ich habe und welche nicht?", schrie nun Mik mit puderrotem Gesicht. Selbst seine Hilflosigkeit spülte nun die aufsteigende Wut weg. „Du hast es uns doch die ganze Zeit gezeigt!", ließ ihn Ido völlig unbeeindruckt wissen.

„Ich habe jede Art von Mut auf dieser Welt, du Hosenmatz, und ich werde es dir beweisen!!" wütete Mik, nun immer mehr in Rage kommend, weiter.

„Beweisen willst du es? Ja?" hakte Ido erfreut nach.

Mik merkte erst jetzt, dass er in der Falle saß. Er konnte jetzt unmöglich, seine Worte zurücknehmen und sich noch mehr blamieren. Die Wut kühlte sich ein wenig ab und er wusste, aus der Nummer kam er nicht mehr raus, ohne Federn zu lassen.

Das Versprechen

Wie in Zeitlupe, nickte er Ido zu. Ein Mann, ein Wort! Augen zu und durch, würde da wohl das Motto sein. Langsam kroch die Angst vor dem Unbekannten Mik die Arme hinauf. Was jetzt?

Nervös streckte er nun seine Hände in die doch nun schon ziemlich mitgenommene Hosentaschen. Tief vergrub er sie hinein, um sie unter Kontrolle zu bringen und niemand sah, dass sie zu zittern begonnen hatten. Er hatte keine Ahnung, wie es jetzt weitergehen sollte.

„Nett" sein, war etwas, das er wirklich nur buchstabieren, aber nicht sein konnte. Nun aber musste er es versuchen, oh Mann. Aber nicht für lange, das war klar! Ido stand unterdessen Mik lächelnd gegenüber. Da hatte er ihn haben wollen, genau da! Endlich würde sich etwas im Viertel, verändern!

Alle könnten endlich, ohne Angst, auf den einzigen Spielplatz weit und breit gehen. Dort würden sie miteinander spielen können, ohne beständig über die Schultern zu blicken.

Und er könnte endlich aufhören, sich vor dem Morgen zu fürchten. Ido jubelte innerlich laut auf. Mik sah das Lächeln auf Idos Gesicht und fühlte sich verlacht. Er spürte die Angst weichen und die vertraute Wut aufsteigen. Nicht nur, dass er hier unmöglich gemacht wurde, von diesem Pimpf, nein, er stand noch da und verlachte ihn. Unbewusst, machte er einen Schritt auf Ido zu, drohend sich aufplusternd. Nicht mit ihm!

Keiner, würde ungestraft, über ihn, den großen Mik lachen. Keiner! Doch Ido nahm ihm die Wut mit einem Satz. „Mik, ich freu mich! Du hast echt Mumm, in den Knochen! Wenn du magst, helfe ich dir so gut ich kann. Willst du?!" Mik schüttelte sich ungläubig. Also wirklich, ihm schwirrte der Kopf. Was war das jetzt? Ein Freundschaftsangebot oder was? Was bildete der Spargeltarzan, sich denn ein?

Eine Freundschaft zwischen ihm und dem Hänfling Ido?! Das war für ihn ausgeschlossen! Keiner würde ihn jemals wieder ernst nehmen und er würde für immer seinen Ruf versauen. Den er doch so mühselig all die Jahre aufgebaut hatte. Nein, nein - niemals!

Eher, würde die Hölle gefrieren und der Himmel sich verdunkeln. Nein, so tief konnte er nicht fallen. Er war immer noch Mik, der Chef des Viertels, der Schrecken aller Schrecken.

Niemals würde er sich mit so einem Weichei gleichmachen. Denn das war Ido in seinen Augen immer noch, ein Weichei. Sogar das Weichei aller Weicheier. Wie konnte so einer nur auf die Idee kommen, ihm ein solches Angebot zu machen.

Seine Wut meldete sich wieder, verabschiedete sich, um dann gleich wieder aufzuflackern und das innerhalb von Minuten, denn länger dauerte seine Nachdenklichkeit nicht. Die Gefühlsachterbahn heute schaffte ihn. Dieser Blödmann Ido, nervte gewaltig und er wollte einfach nur weg.

„Ok, Alter, ich werde „nett" sein, nur um dir zu beweisen, dass ich es kann, wenn ich will! Aber nur für eine Woche, ist das klar! Dann treffen wir uns, hier wieder und du wirst mir zeigen, ob du auch Mut hast. Das glaub ich nämlich nicht!" Ido schüttelte den Kopf.

„Nein, nein eine Woche ist gar nichts. Ich wusste doch, das du kneifst!" Mik funkelte Ido müde an. Ja, müde war er, so müde. Erst einmal musste er nachdenken was nun werden sollte und wie er es schaffen sollte „nett" zu sein ohne, ja ohne...? Ohne was denn eigentlich?

Eine Woche war dem da zu wenig. Ihm aber würde es wie eine Ewigkeit vorkommen und er würde jede Stunde davon zählen.

Ja, eine Woche Hölle, war doch genug, um zu beweisen, dass er es konnte. Aber er sah in Idos Augen stehen, dass er da auf verlorenem Posten stand.

Es war abzusehen, dass er sich auf einen Handel zu Idos Konditionen einlassen musste. Was würde ihm da nur blühen? Wie sollte er das nur durchstehen? Aber ein Mann, ein Wort!

Mik funkelte Ido an und fragte: „Na gut wie lange?" „Mindestens einen Monat!" „Das ist zu lang!" regte Mik sich auf. Doch Ido, war nicht bereit nachzugeben. Zu lange hatte er genau das getan und hatte es meist bitterlich bereut. Er wollte mehr wie ein Atemholen, er wollte eine Ruhepause, wenn es schon kein für immer gab.

Dies würde vielleicht, auch Mik verändern, obwohl er sich da wenig Hoffnung machte. Dafür war ein Monat wahrlich zu kurz. Er hätte ja gerne ein Jahr gesagt, aber dann hatte er Gnade vor Recht walten lassen. Ein Monat war das Mindeste, fand er und sah Mik herausfordernd an. „Einen Monat und keinen Tag weniger!" forderte er noch einmal.

Mik war völlig ausgelaugt, er fühlte, wie seine Kraft ihn immer mehr verließ. Die ganze Situation war so erniedrigend und verwirrend. So etwas hätte eigentlich nicht passieren dürfen. Wie war er nur da hineingeraten. Unbewusst, schüttelte er den Kopf. Ido interpretierte das als Ablehnung.

Er wollte schon seiner Forderung Nachdruck verleihen, als das Unerwartete geschah. Mik blickte auf und gab klein bei. „Einen Monat!" bestätigte Mik nickend.

Er musste dringend hier weg. Nun holte er noch einmal tief Luft und meinte zu Ido: „Alter, ich hab keine Ahnung, warum ich mich darauf einlasse, aber ich werde mich an mein Wort halten.

Außerdem, wenn so eine Lusche, wie du „nett" sein kannst, ist das für den großen Mik doch nur ein Kinderspiel." Deshalb drehte er sich zu Ule um und pfiff ihn zu sich, wie einen Hund.

Tatsächlich reagierte Ule, der die ganze Zeit im Schatten des Hochhauses gestanden hatte, sofort und schlenderte auf Mik zu. Lässig tat er das und ohne, die ihm zuvor eigene Eile.

Auch er hatte sich mit den Geschehnissen verändert, auch er hatte die Schwäche gesehen, die Mik heute und jetzt hier zeigte. Deshalb reagierte er unbewusst darauf, mit einer kaum merklichen Art der Respektlosigkeit.

Die hätte er sich gegenüber seinem zuvor so gefährlichen Chef niemals getraut. Mik wandte sich zum Gehen. Ihm fiel diese kleine Veränderung nicht einmal auf, denn er war völlig erschöpft. So folgte ihm Ule schlendernd und auch hier merkte man, dass sich die

Machtverhältnisse verschoben hatten. Vorher wäre Ule Mik im Laufschritt gefolgt. Jetzt aber war von Eile keine Spur mehr. Als er ihm ein kleines Stückchen gefolgt war, drehte Ule sich sogar noch einmal um. Kurz sah zu seinen ehemaligen Freunden hin.

Das war vielleicht das letzte Mal, dass sie sich nicht als Feinde gegenüberstanden. Denn trotz, dass Mik, auch vor seinen Augen an Respekt verloren hatte, folgte er ihm und trennte sich damit von denen, die er bis jetzt, seine Freunde genannt hatte.

Sollte er etwas sagen, ihnen viel Glück wünschen oder gar doch zu ihnen gehen. Zweifel erfassten ihn! Langsamer wurden seine Schritte und der Abstand zu Mik vergrößerte sich unaufhaltsam. Doch dann gab sich Ule einen Ruck. Sein Rücken straffte sich und er winkte seinen ehemaligen Freunden noch ein letztes Mal zu. Dann aber schloss er endgültig zu Mik auf, um mit ihm zu gehen, komme da was wolle.

Diro schaute traurig auf Ules Rücken. Er war sein Freund gewesen. Sie hatten zusammen gelacht und geweint. Dinge angestellt, Birnen von Bäumen gemopst und Äpfel auf Fußgänger geworfen.

Sie waren mehr, als einmal, nur knapp einer Strafe oder dem Erwischen entronnen. Meist durch Ules klugen Kopf.

Ja, es waren schöne Zeiten gewesen und nun waren sie vorbei und bald würden sie durch schlimme

Erlebnisse mit ihm ersetzt werden, glaubte Diro.

Er kannte Mik!

So schnell gab der sich nicht geschlagen und aufgeben, kam eigentlich in dessen Wortschatz nicht vor.

Es würde Ärger geben und es würde nicht einfach werden, damit umzugehen. Miks Versprechen an Ido nahm Diro nicht allzu ernst. Reden, konnte man ja immer, aber Mik und „nett" waren zwei Dinge, die in Diros Kopf, so gar nicht zusammenpassen wollten.

Er würde ja sehen was passieren würde. Doch für heute hatte auch er eindeutig genug.

„Tschüss Ule, mach es gut!", dachte er so bei sich und sah den Rücken

seines ehemaligen Freundes, um die
Straßenecke verschwinden.

Daminia

Damina, die immer noch am Fenster stand, konnte es kaum fassen. Ihre Welt stand Kopf. Träumte oder wachte sie?

Ido stand noch heil auf dem einem Stück Rasen vor dem Haus. Heil und unversehrt.

Nicht zusammengefaltet, wie eine weggeworfene Tüte, wie ihre schlimmsten Befürchtungen gewesen waren. Ihre Hände schmerzten, weil sie sich, die ganze Zeit, ohne es zu merken, am Fensterrahmen festgeklammert hatte. Nun lösten sie sich vorsichtig, wie von selbst, als die Anspannung nachließ. Ihre Hände rieb sie unbewusst aneinander. Kleine rote Riffen hatten sich auf ihren Handtellern gebildet und sie leuchteten rot. Doch sie bemerkte es nicht einmal. Das Reiben tat ihr einfach gut, drang aber nicht richtig in ihr Bewusstsein ein. Wie konnte das nur geschehen sein?

Das er heil war, einfach ganz und gar heil. Ido! Sie musste zu ihm. Ohne sich dessen richtig bewusst zu werden, stürmte sie aus der Wohnung ins Treppenhaus. Der Lift? Nein! Zu langsam!

Sie nahm gleich die Treppe, immer zwei Stufen auf einmal, damit es schneller ging. Aber auch das waren unbewusste Entscheidungen, die sie kaum wahrnahm. Ido! Die schwere Eingangstür stieß sie mit nie gekanntem Schwung auf. Die Tür prallte klirrend an die Hauswand, aber das hörte Daminia schon nicht mehr. Sie rannte aus dem Haus, zu Ido hin und fauchte ihn ohne nachzudenken und inne zu halten an: „Bist du eigentlich total übergeschnappt? Und von allen guten Geistern verlassen! Das hätte voll in Auge gehen können! Der hätte dich platt machen können, Mann und zerlegen. Du hättest als Fischfutter enden können und was wäre dann gewesen, hä?"

Mit ihrem, durch das Laufen, aufgelösten Haar und dem geröteten Gesicht, sah sie wie eine griechische Göttin aus, die gerade dabei war, ihren Helden auszuschimpfen.

Ja, sie sah bezaubernd aus, fand Ido und sein Herz begann, wie immer, wenn er sie sah, schneller zu schlagen, während er sie völlig verzaubert anblickte. „Hä?!" war das einzige, was er von sich gab. Er verstand einfach nur Bahnhof. Was wollte sie denn, von ihm, wo kam sie her und warum beschimpfte sie ihn denn? Er war völlig verwirrt!

Früher hatte sie ihn doch gar nicht wahrgenommen und nun sah es für ihn kurz so aus, als hätte sie sich Sorgen gemacht!

Damina aber ließ sich nicht stoppen und tobte weiter: „Ich bin am Fenster fast gestorben vor Angst! Wie kannst du nur dich mit dem anlegen, hä und dann riskierst du auch noch hier ´ne dicke Lippe. Mann, wie kann man denn nur so was machen? Meinst du, du bist´ ne verdammte Katze und hast neun Leben oder was? Du kannst dich doch nicht allein einfach so, mit dem fiesesten Jungen der Welt anlegen. Das ist doch total bescheuert!"

Ido starrte Daminia immer noch fassungslos an. Eines der schönsten Mädchen der Schule stand vor ihm und beschimpfte ihn, warum? Hatte sie wirklich Angst um ihn gehabt?

Der nun neben ihm stehende Nuem begann vor sich hin zu grinsen. Kumpelhaft schubste er Ido an und meinte lachend zu ihm: „He, gegen deine kleine Freundin ist der Mik, ja, das kleinere Problem. Die kann ja mal abgehen, Alter. Da kann man nur viel Glück wünschen!"

Er drehte sich zu Diro um und grinste ihn an. Der wiederum lachte ihm zu. „Ja, so wie die abgeht, haste nicht viel zu lachen!", grinste er und schlappte die paar Schritte zu Ido hin. Ido war nun völlig verwirrt „Hä?", war wieder das einzige Wort, das aus seinem Mund kam. Nuem lachte nun lauthals. Diro legte Ido seine Hand auf die rechte Schulter und meinte zu ihm:

„Weißt du, Respekt, das hätte ich dir nicht zugetraut. Den Griff, musst du mir auch mal zeigen, wenn du mal Zeit hast. Aber wir machen jetzt den Abflug. Die Kleine wird dich bestimmt noch eine Weile beschäftigen!" lachend wandte er sich seinem Freund Nuem zu.

Es war gut, ihn da stehen zu sehen und er schien auf ihn zu warten. Ein warmes Gefühl von Sicherheit, breitete sich in ihm aus.

"Gehen wir, Diro?", fragte Nuem, geduldig. „Jepp!", machte Diro.

„Wohin?", wollte Nuem von seinem Freund wissen. Ohne Mik, der bestimmte, war sich Nuem nun unsicher, wohin sie gehen würden. Früher war es immer klar, wohin es ging.

Mik ging immer zu den gleichen Plätzen, die er mochte und wo es immer welche gab, die er ein-schüchtern konnte. Überraschungen gab es eher nicht.

„Wir gehen zu mir und ich zeig dir mein neues PC-Spiel, das ich gestern meiner Mum abgeschwatzt hab." entgegnete Diro ihm.

Nuem grinste erleichtert.

Ja, es war gut, mit Diro zusammen zu sein. Der wusste immer was man machen konnte. Er war froh über seine Entscheidung. Erleichterung machte sich in ihm breit und er murmelte: „Mensch, wie du das immer hinkriegst, mit deiner Mum. Ich hab noch nicht mal einen Computer, hast halt Glück Mann. Alter, wie ich dich manchmal beneide!"

Kumpelhaft schubste er Diro.

„Ich kann ja mal fragen ob sie dich adoptiert" grinste Diro zurück. Beide lachten auf und Diro sagte nun: „Komm jetzt!"

Und schon machten sich die beiden auf den Weg. Zusammen!

„Bis denn!" warf Diro, in Idos und Daminias Richtung noch über die Schulter, bevor er endgültig mit seinem Freund um die Ecke verschwand.

Als Diro nicht mehr zu sehen war, ja eigentlich schon als Nuem zu Ido etwas sagte, war Damina in ihrer Schimpftirade unterbrochen worden, und zu Verstand gekommen.

Was tat sie da nur?

Vor Scham wurde sie so rot wie eine Ketchup-Flasche.

Sie wäre am liebsten, in den Erdboden versunken. Plötzlich wurde ihr bewusst, das Ido sie abwartend ansah.

Die Röte, die ihr Gesicht nun überzog, wurde, wenn es denn überhaupt noch möglich war, noch intensiver. Was sollte sie jetzt wohl tun? fragte sie sich im Stillen. Nach der Aktion von eben, hatte sie sich ja total lächerlich gemacht und konnte nur hoffen, dass Ido sie nicht auslachte. Oder gar merkte, wie sehr er ihr am Herzen lag.

Denn, es war doch eher unwahrscheinlich, dass er Interesse an ihr hegte.

Wie denn auch, wenn sie ihn anbrüllte und beschimpfte. Oder wie früher, ihm aus dem Weg ging!

Ja, bis jetzt hatte sie noch nie ein Wort mit ihm gewechselt. Sie schämte sich schrecklich und wünschte sich ins Nimmerland. Ido wiederrum sah ihre Röte, die sich zunehmend auf ihrem Gesicht ausbreitete und war total platt.

Sie war so hübsch!

So lange schon war er heimlich in sie verliebt und hatte sich jeden Tag darauf gefreut, sie zu sehen. Auch wenn sie ihn nie wahrnahm. Er konnte sich aber gerade einfach keinen Reim darauf machen, warum Damina ihn so beschimpft hatte. Hatte sie ihn vielleicht, wider Erwarten doch gerne?!

Man schimpfte doch nicht mit jemanden, der einem total egal war, oder?

Und wenn es so war, dass er ihr nicht egal war, vielleicht konnte er sie ja dann ...?

Ja, vielleicht wäre es gerade jetzt der richtige Zeitpunkt, um mutig zu sein. Ido zögerte einen Wimpernschlag lang.

Daminia währenddessen suchte nach Worten, aber sie wollten einfach nicht kommen und ihre Füße fühlten sich an, wie Blei so schwer.

Weglaufen war deshalb kein Ausweg.

In Idos Herzgegend wurde es warm. Die Hoffnung keimte in ihm auf. Das wäre doch total schön, wenn Daminia ihn auch gerne hätte. Dieser Gedanke ließ sein Gesicht erstrahlen, wie eine frisch entzündete Laterne.

Damina sah das Lächeln sich auf Idos Gesicht ausbreiten und merkte, wie sie begann, sich wohler in ihrer Haut zu fühlen. Vorsichtig begann sie zurückzulächeln.

Als Ido Daminas Lächeln sah, war das Mutig sein, plötzlich ganz einfach.

Denn, nun war er sich ziemlich sicher, dass er richtig vermutete und Daminia ihn mochte. Vielleicht war da ja noch ein bisschen mehr, wie nur mögen.

Doch das hatte Zeit, herausgefunden zu werden. Für heute reichte es ihm zu wissen, dass sie ihn gernhatte. „Komm!", sagte Ido, nun zu Daminia, als wären sie schon immer Freunde gewesen. „Ich lad dich, auf ein Eis ein!"

Er streckte die Hand nach ihr aus und Damina legte ihre hinein.

Als sich die Hände berührten, spürte Ido ein leichtes Kribbeln auf der Haut.

Als würde ein kleiner Marienkäfer seine Hand entlanglaufen und ihn dabei kitzeln.

Vorsichtig schloss Ido seine Finger um ihre Hand. Daminias Hand war kalt und ein wenig feucht, aber Ido nahm das nicht so wahr. In ihm legte gerade sein Herz einen Tango aufs Parkett und sein Blut pulste im wilden Takt dazu.

Das Einzige, was Ido von Daminias Hand wahrnahm, war, dass sie so klein und zart in seiner lag.

So zart wie eine Zuckerwatte.

Ido lächelte Daminia an.

Die lächelte zurück und erwiderte den leichten Druck seiner Finger. Dann schlenderten die Beiden in Richtung Eisdiele davon.

Ende

Hockenheim 2011

Danksagung

Ich möchte mich bedanken bei:

Angela Liebetrau für die super Korrektur und Zusammenarbeit

Rolf Naber für die Geduld und den Zuspruch

Jakob Naber für die Geduld mit der er auf die Veröffentlichung „seines Buches" gewartet hat

Bod für die Veröffentlichung

Autorin

Die Autorin Veronika Naber

arbeitet als Erzieherin

und lebt mit Kind, Mann und Katze

in der Nähe von Mannheim

Leseprobe

aus „Tjam, der Gnom"

Der Wildwald

Der kleine Gnom saß auf einem Baumstumpf im Wald und dachte darüber nach was er als nächstes tun wollte.

Ja, der Tag war noch jung und die Sonne erst aufgegangen. Vor ihm kroch die kleine Schnecke Emma im Grass umher und sammelte Tautropfen um sich satt zu trinken. Langsam und gemütlich zog sie dabei ihre Schleimspur hinter sich her und die glitzerte im Morgenlicht.

„Hallo, Emma „, sagte der kleine Gnom.

„Oh, guten Morgen! Ein schöner Sonntagmorgen ist das nicht war, Tjam?!", antwortete Emma in ihrer gewohnt langsamen Art.

Emma lächelte und kroch weiter. Tjam, der kleine Gnom grinste.

Ja, dachte er es war ein guter Morgen, kein Aldaran und kein Timoni in der Nähe. Beide waren seine Cousins und nervten, ärgerten und zwirbelten ihn immer, wenn sie in seine Nähe kamen. Beide waren älter wie Tjam und glaubten deshalb die Stärkeren zu sein.

Ja, es war ein schöner Morgen - ohne sie. Tjam begann vom Baumstumpf zu rutschen und lief den kleinen Pfad entlang, der zum wilden Wasser führte. Dort würde er vielleicht Fridolin treffen, seinen Freund. Fridolin konnte nicht laufen. Seine Beine wollten einfach nicht, so sehr er sich auch versuchte anzustrengen.

Aber das machte Tjam nichts aus, denn Fridolin konnte, wie der Wind auf seinen Händen laufen und wenn er sein Blätterboard unter sich hatte, war er bei Weitem, der Schnellste aller Gnome des Waldes. Er hatte Tjam auch eines gebaut und so sausten sie oft um die Wette. Das machte einen Heidenspaß.

Fridolin war einfach ein toller Freund. Auf dem Weg zu seinem Freund musste Tjam immer am Haus der kleinen Krimara vorbei, die in heiß und innig liebte. Sie war zwei Jahre jünger und noch so ein Baby, wenn auch ein Hübsches.

Als Tjam an Krimara dachte, musste er lächeln, ohne dass er es bemerkte. Aber ein Anderer bemerkte es. Kona, der böseste Kerl, des ganzen Waldes und noch des ganzen Graslandes dazu. Er war so böse und gemein, dass Keiner mit ihm auch nur reden wollte.

Kona, sprang von dem Ast auf dem er saß, direkt vor Tjarms Füße. „He du Stinkmorchel!" rief er ihn an, „Was grinst du so vor dich hin?" Tjam, der so grob aus seinen Gedanken gerissen wurde, sah ein wenig verwirrt auf. Kona grinste in hämisch an. Tjam fragte sich eine Sekunde lang, warum immer er diesem grässlichen Kerl begegnen musste.

„Ich dachte gerade an dich und daran wie du letzten Sommer in den See geplumpst bist!" schwindelte er, denn er konnte bei Leibe nicht sagen, an wen er gerade gedacht hatte.

Kona würde es in die Welt hinausschreien und allen erzählen, das er Tjam wegen Krimara gelächelt hatte. Jeder würde denken er sei in die Kleine verliebt. Nein, das ging auf keinen Fall, lieber wollte er sich eine tropfende Nase holen. Diesen Gefallen tat ihm Kona prompt.

Er holte aus und mit seiner geübten Faust, traf er Tjam an der Nase. Grüne Tropfen bildeten sich daran.

Die Nase schwoll in Sekundenschnelle um das Doppelte an und die grünen Tropfen rollten immer schneller. Tjam zog geschwind ein Blatt aus seiner Tasche und drückte es an die schmerzende und tropfende Nase. Nuschelnd sagte er zu seinem Peiniger: „Ha, kannst du mal wieder die Wahrheit nicht ertragen, du grober Baumstumpf. Kann ich denn was dafür, dass du ins Rutschen geraten bist, als du gerade Andaran den Rest geben wolltest, weil der dich einen Klumpen Ameisendreck genannt hatte?"........